Liane v. Billerbeck
Generation Ost

Liane v. Billerbeck

# Generation Ost

Aufmüpfig, angepaßt, ehrgeizig?
Jugendliche nach der Wende

## Zwölf Selbstaussagen

Mit Fotos von Thomas Sandberg
und Jim Rakete

Ch. Links Verlag, Berlin

Für Lisa und Hannes

Die Deutsche Bibliothek – CIP-Einheitsaufnahme

**Billerbeck, Liane v.:**
Generation Ost: Aufmüpfig, angepaßt, ehrgeizig?; Jugendliche
nach der Wende; Zwölf Selbstaussagen/Liane v. Billerbeck. Mit Fotos
von Thomas Sandberg und Jim Rakete. – 1. Aufl. – Berlin: Links, 1999
(Literarische Publizistik)
ISBN 3-86153-194-1

1. Auflage, Oktober 1999
© Christoph Links Verlag – LinksDruck GmbH
Zehdenicker Straße 1, 10119 Berlin, Tel. (030) 44 02 32–0
Internet: www.linksverlag.de
Umschlaggestaltung: KahaneDesign, Berlin,
unter Verwendung von Fotos von Jim Rakete und
Thomas Sandberg (Rückseite)
Satz und Lithos: LVD GmbH, Berlin
Schrift: New Century Schoolbook
Druck und Bindung: Wagner GmbH, Nördlingen
ISBN 3-86153-194-1

# Inhalt

# Vorwort

Mit dem Mauerfall vor zehn Jahren zerfiel die DDR und eine ganze Gesellschaftsordnung gleich mit. Es gibt zahllose Zeugnisse, in denen die Ostdeutschen über diesen Umbruch und ihre Ankunft im geeinten Deutschland berichten – erwachsene Ostdeutsche zumeist. Was aber wurde aus den jungen, die in der Wendezeit etwa 14 Jahre alt waren, mit der Jugendweihe aus der Kindheit gerade entlassen und auf den Sozialismus eingeschworen? Sie haben erlebt, wie ihr Staat auf sein Ende zuschlingerte, sie sahen mit an, wie einstige Autoritäten in den sich überschlagenden Ereignissen untergingen und bislang gültige Wahrheiten hinweggefegt wurden, als hätten sie nie existiert. Ich wollte wissen, wie sie sind, die jungen Ostdeutschen: aufmüpfig, angepaßt, ehrgeizig? Haben sie »die Kurve gekriegt« oder wurden sie herausgeschleudert?

Meine Gesprächspartner kommen aus allen neuen Bundesländern. Sie unterscheiden sich in Herkunft und Lebensentwurf, wohnen in großen Städten oder kleinen Dörfern, haben linke, rechte oder gar keine politischen Auffassungen. Sagen sie jedenfalls. Gemeinsam ist ihnen zweierlei: zunächst eine verblüffende Offenheit. Vielleicht ist etwas dran an der Meinung, daß Menschen aus dem Osten leichter aufzuschließen sind, daß sie weniger Angst haben, sich dadurch etwas zu vergeben. Zwar wissen auch sie um die Rolle von »Image« und »Marktwert«, aber das verführte sie höchstens zu beiläufigen, ironischen Kommentaren und beeinträchtigte das Gespräch nicht.

Außerdem verbindet sie das Ritual der Jugendweihe, das noch kurz vor der Wende an ihnen zelebriert worden war. Eine junge Frau blätterte extra in ihrem Tagebuch nach, aber dort tauchte nur der nette Typ auf, der eine Klasse höher war und den sie angehimmelt hatte. Offenbar ist dieser Tag für die meisten von ihnen ohne Bedeutung geblieben. Ein Tag, an dem sie einmal im Mittelpunkt standen, von den Verwandten üppig beschenkt und, auf Wunsch, von den Lehrern zum ersten Mal gesiezt wurden. Man machte mit, weil es üblich war, ansonsten spielte die Jugendweihe keine Rolle.

Das konnte sich jedoch schlagartig ändern, wenn sich jemand diesem Ritual verweigerte. Das wußten alle. Lehrstelle oder Studium waren dann genauso gefährdet wie bei denen, die nichts mit der FDJ zu tun haben wollten oder sich gegen die SED wandten. Also paßte sich die übergroße Mehrheit an. Im Zweifel entschied man sich für einen Doppelschlag: Jugendweihe und Konfirmation. Auf diese Weise fiel man nicht auf und hatte seinen (Seelen-)Frieden.

Man gab oder mußte dem Staat geben, was er wollte, dann ließ der einen weitgehend in Ruhe. Diese Doppelzüngigkeit, am Ende der DDR unübersehbar, machte es womöglich leichter, hinter sich zu lassen, was ohnehin vorüber war.

Meine Gesprächspartner verbindet noch ein weiterer Umstand, der für ihre Mütter (und Väter) spricht: Sie sind Wunschkinder. Seit 1972 gab es die »Pille« in der DDR, und bis zur zwölften Schwangerschaftswoche konnten Frauen in Krankenhäusern abtreiben. Im offiziellen Sprachgebrauch waren das jedoch keine Abbrüche oder Abtreibungen, sondern »Schwangerschaftsunterbrechungen«.

Überdeutlich wurde in den hier aufgezeichneten Gesprächen, was oft als typisch für »den Osten« beschrieben wurde: Die Frauen waren die prägenden Figuren in den DDR-Familien. Daß die Väter oft gar nicht erwähnt werden, lag nicht etwa an der Voreingenommenheit der Autorin, sie kamen tatsächlich in manchen Gesprächen gar nicht vor. Die Mütter um so mehr. Sie gehören einer Generation von DDR-Frauen an, für die der Dreisprung

Mann, Kind/er, Beruf das Selbstverständlichste auf der Welt war und ist. So verwundert es nicht, daß sich keine Hausfrau unter den Müttern findet. Es überrascht auch nicht, wenn die jungen Frauen ganz selbstverständlich vom Leben das fordern und sich nehmen, was schon für ihre Mütter Normalität war.

Das heißt jedoch nicht, daß die Töchter das Leben ihrer Mütter verklären und die Zwickmühle nicht erkennen würden, in der sie trotz aller Möglichkeiten steckten. Aus diesem Wissen ziehen sie unterschiedliche Schlüsse: Die einen haben für sich entschieden, sich nicht durch Kinder von ihrem (beruflichen) Weg abbringen zu lassen. Die anderen wollen beides, Familie und Beruf, und sind überzeugt, es besser als ihre Mütter zu machen. Daß die Männer dabei »mitspielen« müssen, steht für sie außer Frage.

Beeindruckt hat mich, wie früh meine weiblichen Gesprächspartner das elterliche Haus verlassen. Nicht, weil es dort zu eng ist, sondern um sich »dem Leben« zu stellen. Mehr als die jungen Männer nutzen sie die Möglichkeiten, die sich ihnen in diesem neuen Deutschland bieten. Es zieht sie »hinaus in die Welt«. Die Söhne hingegen halten sich überwiegend noch ganz in der Nähe der Eltern auf oder haben die Mutter durch eine Freundin »ersetzt«.

Daß die DDR das Land ihrer Kindheit war, haben alle nicht vergessen. Was daran schön war, wird in der Rückschau für den um so schöner, dessen Gegenwart sich schwierig gestaltet. Aus manchen Beschreibungen der DDR ist auch die Meinung der Eltern herauszuhören. Wer von den Mittzwanzigern das politische System der DDR reflektiert, entlarvt dessen Janusköpfigkeit, auch in den eigenen Ansichten. Wie konnten Erziehung zum Frieden und »Wehrerziehung« zusammenpassen? Wie »Gleichberechtigung« und Doppelbelastung der Frauen?

Vieles stößt ihnen auch heute auf: Doppeldeutiges und Doppelzüngiges mögen sie nicht. Sie sehen, wie sich mancher »Westler« maßlos überschätzt, und beschreiben ihn des öfteren als dessen Klischee: als Abzocker, Glücksritter und Übernehmer. So, wie er allzu oft nach der Wende im Osten auftauchte. Doch auch der Westen wird kritisch hinterfragt. Die Defizite eines Systems, das sich als potenter erwies als das, in dem sie aufgewachsen sind, werden deutlich wahrgenommen. Wer von meinen Gesprächspartnern sich jedoch bereits einmischen konnte, in die Politik, in die Wirtschaft, hat die Vorzüge der Demokratie erkannt. Manche sind schon bei sich selbst angekommen, haben ihren eigenen Wert erkannt – obwohl und weil er oder sie aus dem Osten stammen.

Seit dem Wechsel in ein anderes Deutschland sind meine Gesprächspartner, anders als ihre westlichen Altersgenossen, immer wieder gezwungen, sich mit Fragen auseinanderzusetzen wie: Wer bin ich, wohin gehöre ich, was soll aus mir werden? Wie war die DDR, was wird aus diesem Deutschland? Dabei haben ihnen, besonders in der Wendezeit, oft die Hilfestellungen gefehlt. Sie erlebten Ratlosigkeit, Feigheit, Opportunismus und Drückebergerei. Manche Eltern wußten keine Antworten. In der Schule wollten sich viele Lehrer politisch gar nicht mehr äußern, und so kam es vor, daß die gerade abrollende Historie im Geschichtsunterricht keinen Platz fand. Statt dessen wurden die alten Griechen inbrünstig behandelt. Sie hatten es aber genauso mit Menschen zu tun, die sich treu blieben, trotz oder gerade weil sich die gesellschaftlichen Umstände geändert hatten. Es gab Lehrer, die mit der eigenen Rolle in Konflikt gerieten, einige wenige konnten vor ihren Schülern auch darüber sprechen, was sie quälte. Dazu brauchte es Mut, den die Jugendlichen durchaus würdigten.

Die Eltern der hier Befragten gehören überwiegend nicht zu denen, die aus dem Arbeitsmarkt herausgefallen sind. Sie waren noch jung genug, um nach dem Ende der DDR neu anzufangen oder in ihren Berufen weiterzumachen. Die Risse und Brüche in den elterlichen Biographien werden von den Kindern meist aus dem Blickwinkel der Eltern widergespiegelt. Nur bei denen, die sich bereits abgenabelt haben, blitzen andere Ansichten auf: über die DDR, den Westen, das Leben der Älteren.

Diese jungen Leute haben inzwischen eigene Lebensentwürfe, die sie zielstrebig angehen. Ihre Vielfalt ist überraschend.

Die Erinnerung an das Land ihrer Kindheit liegt als Folie unter allen Äußerungen über Deutschland. Als Vergleich kann die DDR noch herhalten, als Maßstab für die Zukunft taugt sie nicht mehr.

*Liane v. Billerbeck, im Sommer 1999*

# »Ich bin froh, die DDR noch erlebt zu haben, aber auch, daß es mit ihr nicht weitergegangen ist«

Uta Leupolt aus Dresden (Sachsen),
Studentin der Sozialpädagogik

Für meine Eltern war klar, wie eine Biographie auszusehen hatte: Schule, Abitur, Studium, Kinder. Wie früher in der DDR. Man muß alles zielgerichtet angehen, sagten sie. Mich hätten sie gern in einer mittleren Beamtenlaufbahn gesehen, die auch ein Familienleben ermöglichte. Daß ich Zeit brauchte für das Studium, daß man für Sozialpädagogik eben auch erwachsen werden muß, war ihnen zuerst schwer beizubringen. Inzwischen arbeitet meine Mutter in einer Uni-Einrichtung und betreut Studenten aus dem Ausland. Seitdem hat sie weniger Probleme mit anderen Biographien.

Ich dagegen hatte eher Schwierigkeiten, mit den vielen Möglichkeiten klarzukommen. Da gibt es 1 000 Alternativen, 999 mußt du aussortieren und herausfinden, welche die eine richtige für dich ist. Ich wollte mir vor dem Studium etwas Zeit nehmen, um Neues kennenzulernen. Also habe ich nach einem Praktikum gesucht.

Die Anzeige einer Waldorfschule mit Internat haben mir dann sogar meine Eltern gegeben. Die Schule war in der Nähe von Paderborn. Dort hatten sie ein richtiges Dorf für sich: ein eigenes Altenheim, eigene Landwirtschaft, sogar ein eigenes Schloß und viele Werkstätten. Das mit den Werkstätten gefiel mir, überhaupt das System der Praktika. Ich fand auch zu DDR-Zeiten das Fach UTP gut, weil man dadurch erfuhr, wie man sich fühlt, wenn man den ganzen Tag an einer Bohr- oder Fräsmaschine gestanden hat.

Die Erziehung an der Waldorfschule war aber die autoritärste, die ich kennengelernt habe. Vor allem die Sexualerziehung. Ich dachte, ich sei im Mittelalter. Man darf nichts darüber erfahren, was zwischen Mann und Frau passiert. Ein Mädchen hatte sich dort einmal von einem Jungen in die Hosentasche fassen lassen. Sofort hieß es, sie habe das provoziert, von sich aus hätte der Junge das nicht getan. Rudolf Steiner wird wie ein Heiliger verehrt. Fast in jedem Zimmer hing sein Bild. Inzwischen weiß ich, daß mir das alles viel zu mystisch ist: die Wiedergeburt, die Astralleiber – das war nichts für ein so rational aufgezogenes Kind wie mich. Ich war damals ziemlich im Zwiespalt, ob ich als Erzieherin dort überhaupt bleiben sollte. Die Sprüche habe ich zwar alle mitgeredet, aber ich merkte deutlich, wie meine Distanz dazu wuchs, und das habe ich auch geäußert. Es gibt an der Schule einen eigenen Religionszweig, die Christengemeinschaft, und ich hätte gern einmal aus Interesse an einem Gottesdienst teilgenommen. Aber eine Waldorf-Erzieherin winkte ab und sagte, ich sei nicht religiös genug. Sie hatten schon Vorurteile gegen mich. Nein, dort habe ich nicht hingehört, aber ich habe diesen Schlenker wenigstens gemacht und etwas anderes kennengelernt.

Wenn ich an meine Schulzeit in der DDR denke, erinnere ich mich vor allem an die Wendezeit, als die Lehrer sehr verunsichert waren. Besonders im Oktober 1989, als man hier die Züge mit den Flüchtlingen aus den Botschaften durch den Bahnhof fahren ließ und die Lehrer verdonnert wurden, dafür zu sorgen, daß keiner der Schüler am Bahnhof auftauchte. Meine Eltern hatten es mir auch untersagt. Aber wenn ich mit der Straßenbahn gefahren bin, habe ich doch einiges gesehen. Polizisten mit Schlagstöcken und Wasserwerfern, die den Bahnhof verteidigten. Das hat mich schockiert. Diese Bilder von einer übermächtigen Polizei, den Brutalitäten, die sitzen noch heute tief. Wir hatten bis dahin in einer ziemlich heilen Welt gelebt. Ich jedenfalls, weil ich vorher nicht viel von solchen Dingen mitbekommen habe.

Ich war bei der Jungen Gemeinde innerhalb der Evangelischen Kirche. Wir haben dort viel diskutiert, aber mehr zur Selbstverständigung. Tenor: DDR – wie weiter? Aber trotzdem Sozialismus. Das hatte sich dann bald erledigt. Meine Eltern sagten, wir haben 40 Jahre gewartet, jetzt wollen wir nicht länger darauf warten, daß es uns besser geht. Als Kohl nach Dresden kam, war es vorbei. Wir hatten etwas Utopisches, etwas Besseres gewollt. Aber die da bei Kohl wollten alle Bananen.

Zu dem, was gerade an Historischem geschah, haben sich viele Lehrer überhaupt nicht geäußert. Entweder wollten sie nicht, oder sie konnten es nicht. Im Geschichtsunterricht ging es eben dann nur noch um die alten Griechen. Es sind damals auch einige Lehrer gegangen, die Parteisekretäre waren oder Staatsbürgerkunde unterrichtet hatten. Aber sonst wurde einfach auf ein anderes Schulsystem umgestiegen.

Das war an der Uni nicht anders: Sozialpädagogik existierte als Fach in der DDR nicht. Klar, daß alle Professoren aus dem Westen kamen. Die haben das hier aufgebaut. Im Grunde wird aber nur die Geschichte der Sozialpädagogik im Westen reflektiert. Was im Osten an Bildung gewesen ist, kommt dabei nicht vor. Aber das fällt einem meistens gar nicht auf, mir auch nicht, nur alle halbe Jahre mal. Es ist ja alles schon wie im Westen. Es gibt nur noch Rudimente aus dem Osten. Von den ganzen Wohlfahrtsorganisationen ist nur die »Volkssolidarität« von hier, der Rest ist aus dem Westen. Es ist schon schade, daß so wenig Ost-Biographisches einbezogen wird. Die »Töpfchen-Debatte«* zeigt doch, daß da überhaupt noch nichts wissenschaftlich aufgearbeitet worden ist. Gerade die Erfahrungen mit Massenerziehung von Kleinkindern wurde in der DDR immer unter

---

* Der Kriminologe Prof. Christian Pfeiffer aus Hannover bezeichnete in einem Radiointerview vom Februar 1999 die Unterdrückung der Individualität durch kollektive Erziehung schon im Kleinkindalter als »Hauptfaktor« dafür, daß es in der ehemaligen DDR eine höhere Ausländerfeindlichkeit gibt. Seine Äußerungen lösten im Osten eine heftige Debatte aus.

der Decke gehalten. Ich kenne einen Professor aus Leipzig, der hat wohl als einziger früher dazu geforscht. Er würde sich bestimmt freuen, wenn jemand sich das Material noch ansehen wollte.

Aber solche Dinge spielten in unserem Studium keine Rolle. Die Wahl der konkreten Studieninhalte ist bei uns total frei. Pflicht sind nur Sozialpädagogik, Recht, Soziologie und Psychologie. Was man darüber hinaus wählt, ist einem selbst überlassen.

Ich mache nebenbei noch ein Zweitstudium, Deutsch als Fremdsprache. Das ist eine Vorbereitung auf den Unterricht in Integrationsklassen. In Sachsen besuchen alle Ausländer als erstes eine solche Klasse, um langsam integriert zu werden. Die Lehrerin dort hat eine solche Ausbildung, aber in ihrer Arbeit steckt viel Sozialpädagogisches. Deshalb ist das vielleicht eine gute Kombination.

Daß es diese Klassen gibt, heißt natürlich nicht, daß es nicht trotzdem genügend Ausländerfeindlichkeit gibt. Ich habe in Gorbitz, einem Neubaugebiet mit 40 000 Einwohnern, in der offenen Jugendarbeit mit Rechten gearbeitet, mit lustlosen, nicht zu begeisternden Jugendlichen. Das war schwierig. Aus dieser Zeit weiß ich, daß man Rechte nur einzeln erreichen kann. In der Gruppe ist das aussichtslos. Ich wurde zweimal verprügelt, einmal in Rostock und einmal hier in Dresden. In Rostock haben sie mich und einen Freund ziemlich böse zugerichtet, einfach so, wir sahen nicht »links« aus, wir sahen nach überhaupt nichts aus. Und hier in Dresden hatte ich ein buntes Kleid an, einen »Türkenfetzen«. Mitten auf der Straße, nachts. Damals dachte ich noch, es müßte doch möglich sein, mit denen zu reden. Mir war das so schleierhaft, warum das nicht gehen sollte. Daß sie so mitleidslos auf einen einschlagen können. Aber in solchen Momenten kommt man nicht an sie heran. Die haben genau den Wunsch, jemanden vor sich liegen zu sehen und Macht zu spüren.

In den Jugendklubs aber kann man mit ihnen arbeiten, allerdings nur, wenn man als Person akzeptiert ist.

*Jugendweihe, 1988*

Und man muß versuchen, mit ihnen gute Erlebnisse zu haben. Ich habe auch für mich dabei viel gelernt. Die rechten Jugendlichen haben mir einfach klargemacht, daß ich ihre Meinungen ohne emotionale Vorurteile erst einmal akzeptieren muß, als politische Meinung. Das ist meine Meinung, bekam ich zu hören, und ich schlage niemanden zusammen, und deshalb mußt du sie jetzt erst einmal hinnehmen. Mir wurde klar, daß ich mit genau der gleichen Art von Vorurteilen an sie herangegangen bin, die sie mir gegenüber hatten – die ist links, die ist blöd, die ist 'ne Zecke. Auf diesem Weg ist aber keine Verständigung möglich. Wenn ich in einer Diskussion erwarte, daß man sich für mich öffnet, dann muß ich für genau das gleiche bereit sein – oder ich kann es lassen. Wenn ich nicht in der Lage bin zu sagen, ich habe unrecht, dann brauche ich erst gar nicht anfangen zu reden. Das habe ich irgendwann begriffen. Stehst du ihnen jedoch auf der Straße gegenüber oder in einer Kleinstadt, die mehr oder weniger bereits »rechts befreite Zone« ist, bist du als Sozialarbeiter erschossen.

Zu DDR-Zeiten hat es solche Angriffe auf Ausländer nicht gegeben. Sie waren abgeschottet, durften kaum Kontakt haben, und die hier studiert haben, wie die Mosambikaner, die sind anders vorbereitet worden. Am Herder-Institut in Leipzig haben sie Deutsch gelernt und wurden darauf getrimmt, was man hier darf und was nicht.

Sozialpädagogik habe ich gewählt, weil es viele spannende Einsatzbereiche gibt. Außer in Kindergärten und Schulen kann man mit dem Studium so ziemlich alles machen. Man kann in Gefängnissen arbeiten, in Familienzentren, Obdachlosenheimen, mit Suchtabhängigen und in Beratungsstellen, wie der Schwangerenkonfliktberatung. Man kann auch in Amtsstuben herumsitzen oder an Gesetzen mitarbeiten. Für bestimmte Beratungen muß man aber älter sein und benötigt Zusatzausbildungen.

Ich mache eine Art »Organisationsberatung« in einem Verein. Das ist auch Inhalt meiner Diplomarbeit. Es geht darum, wie man in so einer Einrichtung Strukturen entwickelt, wie man Ziele bestimmt, wer welche Kompetenzen hat und wie Konflikte geklärt werden. Das soll heißen: Ich gebe euch bestimmte Instrumente in die Hand, die Methoden zur Umsetzung müßt ihr dann selbst entwickeln. Leider werden solche Beratungen meist dann angefordert, wenn man effizienter werden will, um Personal einzusparen. Unter solchen Umständen ist es dann schwer, noch Motivation bei den Mitarbeitern zu entwickeln. Überraschenderweise lief es mit den Mitarbeitern des Vereins ziemlich gut.

Für mein Studium habe ich mit dem Praktikumssemester zehn Semester gebraucht, das ist die Regelstudienzeit. Es ist wohl eine Osteigenart, die Regelstudienzeiten einzuhalten. Die Oststudenten sind viel zielgerichteter.

Es gibt ja noch immer vieles, das für den Osten typisch ist. Allerdings wird einiges davon bestimmt bald vorbei sein, wie es zum Beispiel bereits damit schon vorbei ist, daß Frauen »Männerberufe« studieren. Das fand ich aber gut an DDR-Biographien. Ich erinnere mich, als ich ein halbes Jahr in Österreich studierte, wie es dort als geradezu exotisch aufgenommen wurde, daß eine Freundin von mir Straßenbau studierte oder meine Mutter ein technisches Studium gemacht hatte. Leider hat aber auch sie durch uns Kinder ihre Qualifikation nach und nach eingebüßt, ein typisches Frauenschicksal. Laut Statistik war ja auch in der DDR die Hausarbeit nicht gleich verteilt. Aber das ist bei uns nicht so angekommen. Ich hatte jedenfalls immer das Gefühl, daß es zu Hause relativ gleichberechtigt zuging. Mein Vater hat zwar nicht groß gekocht, aber abgewaschen und Staub gesaugt.

Kein Wunder, daß ich nach der Wende Probleme mit all diesen frauenbewegten Leuten hatte. Dabei erlebte ich weniger die Westfeministen, es waren eher die Ostfeministen. In Rostock hatte ich eine Freundin, die in den Kreisen bisexueller und lesbischer Frauen herumgestiefelt ist. Die Lesben sind ja oft auch ganz heftig feministisch. Da gab es andauernd Diskussionen über das große I, um die Schreibweise der weiblichen Form. Das brauche ich nicht, das ist mir viel zu verkrampft, dachte ich damals. Auch in Österreich ist mir das aufgefallen. Dort ließen sie ständig die Emanzipierten heraushängen, die sie in Wirklichkeit gar nicht waren, und griffen die Studenten in den Seminaren an, wenn sie ihre Referate nicht in zweigeschlechtlicher Form gehalten haben.

Im Studium habe ich mich aber ernsthaft um das Thema Gleichberechtigung gekümmert und mich im Laufe der Zeit schon in die Richtung bewegt, daß Frauen auch in der heutigen Zeit noch ganz bestimmte Interessen haben und ganz bestimmte Benachteiligungen. Ich habe auch gelernt, wie wichtig es bei unserer Arbeit ist, das Selbstbewußtsein der Frauen und Mädchen stärken zu helfen. Das war jedoch ein langer Prozeß bei mir, und er ist von außen angestoßen worden. Inzwischen bin ich viel empfindlicher und zähle auch schon mal bei Wahlplakaten nach, wie viele Frauen darauf zu sehen sind.

Das ist ja leider noch immer so: Je höher die Positionen sind, ob in der Politik oder auch an der Uni, man findet lächerlich wenige Frauen darunter. Bei uns sind nur ein Fünftel der Pädagogikstudenten Männer. Die Professoren aber sind ausschließlich Männer, alle! Das ist doch verrückt. Gerade die Pädagogik ist weitgehend »verweiblicht«, aber an die Spitze schaffen es dann wieder nur Männer. Natürlich kann man deshalb nicht sagen, daran sind nur die Männer schuld. Es gibt viele Gründe dafür. Oft wollen Frauen auch gar nicht in höhere Positionen, es interessiert sie nicht als Lebensplan.

Für mich jedenfalls war immer völlig klar, daß die Hausarbeit und auch die Berufschancen zwischen Mann und Frau möglichst gleich zu verteilen sind. Bei meinen Freunden aus dem Osten hatte ich nie das Gefühl, daß man ihnen in dieser Hinsicht etwas beibringen müßte. Jetzt wird aber bei vielen Paaren die Ungleichheit fast »gesetzmäßig«. Der Mann ist älter und schon weiter im Ausbildungsgang, verdient früher Geld, und damit ist alles klar. Wenn ein Kind kommt, wird die Frau in ihrer beruflichen Karriere zurückgeworfen. Und beim nächsten Kind ist wieder alles klar.

Manchmal wundere ich mich schon selbst, daß die paar Jahre DDR, die ich erlebt habe, auch bei mir bewirkt haben, daß ich an Gleichberechtigung glaube. Daran, daß es funktioniert hat und funktionieren kann. Ich merke aber auch, daß andere Seiten dieser Prägung zwiespältig sind, fast paradox. So kann man ja nicht gerade sagen, daß unsere Erziehung besonders friedlich war. Wir haben mit Imitationen der F1-Handgranaten im Sportunterricht geworfen. In unserem Lesebuch stand: Wir haben uns gefreut, die Parade zum wievielten Mal zu sehen, und sind stolz auf unsere Soldaten. Trotzdem steckt mir noch immer »Erziehung zum Frieden« im Kopf. Eine Art Januskopf und trotzdem so hängengeblieben: In der DDR waren die Frauen gleichberechtigt. Und: Es gab eine Friedenserziehung. Dabei war die Zustimmung zur Armee ja heftig in der DDR. Im Grunde war der Ausdruck grotesk: Soldaten für den Frieden.

Wir machten an der POS auch ein Zivilverteidigungslager. Etwa die Hälfte der Schüler unserer Klasse kam aus kirchlichen Elternhäusern. Sich diesem Lager zu verweigern, hat aber nur einer gewagt. Wie bei der Jugendweihe, an der auch nur einer nicht teilnahm, die anderen fuhren zweigleisig: Jugendweihe und Konfirmation. Es hätte größeren Mut erfordert, sich hier konsequent zu verhalten. Das Abitur hätte man dann eben nicht machen können, und mit bestimmten Lehrstellen wäre es auch schwierig geworden. Man hätte sich mit einem Leben abfinden müssen, in dem man die eigenen Wünsche nicht hätte verwirklichen können. So waren die Leute schnell bereit, sich anzupassen. Wenn es noch repressiver zugegangen wäre, hätten sich wahrscheinlich 99 Prozent angepaßt.

Viele aus dem Westen fragen, wie man so opportunistisch sein konnte. Wie sehr sie sich selbst anpassen, das wollen sie nicht hören. Schon allein in der Arbeit: Man kann zu einer Bewerbung nur mit Schlips und Kragen und mit einer bestimmten Automarke fahren. Natürlich, der Druck auf die Leute wird immer stärker. Ich sehe das an meinem Eltern. Meine Mutter war nach der Wende oft arbeitslos, hat als Sekretärin gearbeitet, aber ihr fehlt inzwischen auch die Energie, alles mögliche zu machen. Mein Vater läßt sich völlig erdrücken von der Arbeit. Zehn Stunden täglich sind das mindeste, und der Sonnabend ist inzwischen ein ganz normaler Arbeitstag. Mein älterer Bruder ist Maschinenbauer und gerade dabei, in den Beruf einzusteigen. Der arbeitet sich auch kaputt. Offenbar haben sie es durch ihre DDR-Biographie nie gelernt, sich zu wehren. Dazu kommt die hohe Arbeitslosigkeit. Immer ist schon ein nächster da. Das ist bitter.

Ich bin froh, die DDR noch erlebt zu haben, aber auch, daß es mit ihr nicht weitergegangen ist. Es ist schön, das System, in dem ich jetzt lebe, auf diese Weise mal von außen betrachten zu können, die DDR als Bild im Hintergrund, als Vergleich. Hinzu kommt, daß man sich auch abgrenzen möchte von den Westdeutschen. Das macht es aber auch schwieriger, das Deutsche als die eigene Identität anzunehmen.

Die ersten Jahre war es für mich eine völlig neblige Vorstellung, daß ich jetzt deutscher Staatsbürger war und zur BRD gehörte. Was hatte ich damit zu tun? Ich war, solange ich dort gelebt hatte, DDR-Bürger, danach war ich gar nichts mehr. Und jetzt? Wenn ich im Ausland bin, ist es wohl auch ein Stück Deutschland, auf das ich mich beziehe, nicht besonders stark, und es meint weniger Dresden oder Sachsen als mehr mein konkretes Umfeld.

Während des Kosovo-Krieges bekam ich manchmal total absurde patriotische Anwandlungen, die mir selbst völlig unverständlich waren. Obwohl ich überhaupt keinen Krieg und überhaupt keine deutsche Beteiligung wollte, dachte ich: Wir dürfen doch jetzt nicht verlieren! Ich will nicht, daß die Deutschen aus diesem Krieg als Verlierer herausgehen, daß es, wenn sie schon am Bombardement mitwirken, »umsonst« gewesen sein soll.

Sonst brauche ich dieses Deutschsein relativ wenig. Obwohl ich in Österreich damals schon nach etwas Ähnlichem gesucht habe, nach irgendwelchen Verwurzelungen. Dort habe ich mich plötzlich wieder interessiert für diese alten Geschichten, unter dem Vorwand, sie anderen erzählen und ihnen etwas zeigen zu wollen – die alten Pionierabzeichen, den alten Pionierausweis. Mit den Westdeutschen war ich in dieser Zeit wenig zusammen. Ich hatte keinen Bezug zu ihnen. Ich wollte nicht vereinigt werden. Und ich stand schon dazu, daß es ein Volkseigentum geben sollte und nicht soviel Privateigentum.

Der Sozialismus war Scheiße für viele, die mit dem System nicht klargekommen sind. Von meiner Hoffnung, ob es vielleicht noch eine andere Variante geben könnte, ist überhaupt nichts geblieben. Das war eine Utopie.

Und was man uns erzählt hat, was alles am Kapitalismus Scheiße ist, das ist ja auch zum großen Teil Scheiße. Er ist kein ideales System, nur eben das einzige, das sich behaupten konnte, er kriegt immer noch die Kurve vor den großen Katastrophen. Da habe ich ein ziemliches Vertrauen. Außerdem hat man jetzt ganz andere Möglichkeiten, sein Leben selbst zu gestalten. Ich finde es völlig in Ordnung, wenn die Leute in ihrem eigenen kleinen Umfeld ihr Leben so einrichten, wie sie es wollen.

Ich engagiere mich hier in einer Verbrauchergemeinschaft für ökologisch erzeugte Produkte. Das ist ein Bio-Laden, der Produkte aus der Dresdener Umgebung verkauft. Meistens hangelt er sich von einer Katastrophe zur anderen. Im Moment läuft es aber ganz gut. Ich denke immerzu darüber nach, wie man ein solches Projekt mit ehrenamtlichen Mitarbeitern verwirklichen kann. Das ist schwierig. Man kann viel mit ihnen schaffen, aber nicht alles. Manchmal braucht man einfach Hauptamtliche, um professionell arbeiten zu können. Dann aber sagen die Ehrenamtlichen, warum sollen wir jetzt mitmachen, es gibt doch Hauptamtliche. Wie soll man auch Ehrenamtliche zur Leistung motivieren?

In fünf Jahren habe ich hoffentlich eine Arbeit, die mir richtig Spaß macht. Nicht zuviel Arbeit, das muß nicht sein, ich hätte schon auch ganz gern Kinder. Und etwas Schönes zum Wohnen. Mit einem Freund, der eine Ausbildung zum biologischen Landwirt macht, spinnen wir öfter von einem Hof mit allen möglichen sozialen Projekten. Das wäre so ein Traum: ein Haus, eine Art Kommune mit verschiedenen Leuten, die noch was anderes miteinander anzufangen wissen, als sich über das Treppekehren zu streiten.

# »Jetzt warte ich erst einmal ab, was vom Arbeitsamt kommt«

Gordon Kärsten aus Magdeburg
(Sachsen-Anhalt), Kommunikationselektroniker, arbeitslos

Am ersten Tag bei der Telekom kam der große Chef in
den Saal und verkündete, wir lernten einen zukunfts-
sicheren Beruf, und nach der Lehre würden wir alle übernommen werden. Ich hatte mir die Telekom ausgesucht,
weil sie ein großes Unternehmen ist. Das ist das Opti-
male, dachte ich, eine Firma, bei der mehr oder weniger
alles gesichert ist, man bekommt pünktlich sein Geld,
und mit dem Entlassen würde es auch nicht so einfach
sein. Die haben ja eine Gewerkschaft. Meine Eltern und
meine Schwester arbeiten auch bei der Telekom. Es hatte
mit der Lehre auch auf Anhieb geklappt.

Ich habe Kommunikationselektroniker gelernt, früher
nannte man das Fernmeldemonteur. In meinem Lehrjahr waren 60 Lehrlinge. Mit der Zeit sickerte aber immer mehr durch, daß überhaupt niemand übernommen
werden würde, nicht einer. Gedanken habe ich mir darüber damals nicht gemacht. Erst einmal wollte ich die
Lehre beenden. Etwas anderes konnte ich später immer
noch machen.

Am Ende war es so, daß nur zwei von den 60 Lehrlingen einen Job bekamen. Der eine, weil er der Beste von
denen war, die ihre Lehre verkürzt hatten, und der andere, weil er schon ein Kind hatte. Alle anderen wurden
nach der Lehre entlassen. Wir erhielten einen Schriebs,
in dem stand: Jeder, der einen Lehrling von der Telekom einstellt und ihn zwei Jahre beschäftigt, bekommt
15 000 DM von der Telekom. Das hatte irgendwie die Gewerkschaft ausgehandelt.

Dieser Schriebs hat mir aber nichts gebracht. Manchmal dachte ich, die Chefs gingen bei den Vorstellungsgesprächen nach Äußerlichkeiten. Damals trug ich lange Haare und Piercings im Gesicht. Als ich im Januar 1995 nach dreieinhalb Jahren mit der Lehre fertig war, habe ich kurz bei der Deutschen Post gejobbt, Sortierarbeiten gemacht. Dann war ich eine Weile arbeitslos. Im August fing ich bei in einer kleinen Elektrofirma an, die unter anderem auch Netzwerke installierte. Sechs Monate später haben sie mich wieder entlassen, weil die Auftragslage so schlecht war. Der Chef hatte aber auch vieles schleifen lassen. Andererseits war auch die Zahlungsmoral der Kunden äußerst schlecht. Die Firma ist sehr oft für ihre Arbeit nicht bezahlt worden, und ich mußte auch jedesmal auf meinen Lohn warten. Ich war also wieder arbeitslos.

Mein Vater hörte dann, daß die Telekom jemanden eingestellt hatte, allerdings befristet für ein halbes Jahr. Meine Mutter fragte noch einmal nach, ja, hieß es, ich solle einfach meine Bewerbung vorbeibringen. Das habe ich getan, und schon eine Woche später konnte ich anfangen. Auch diese Stelle war befristet für ein halbes Jahr und hatte außerdem mit meinem Lehrberuf nicht sehr viel zu tun. Ich saß im Büro am Rechner und hatte das Glasfasernetz zu überwachen. Wenn es Komplikationen gab, mußte ich die Entstörer hinausschicken. Das war so eine Art Disponentenarbeit, aber nicht uninteressant, fand ich.

Nach einem halben Jahr war wieder alles vorbei. Ich saß einen Monat zu Hause, dann begann ich mit dem Zivildienst. Ich fand eine Arbeit als Pfleger auf der neurologischen Station in der Uni-Klinik. Das war eine harte Zeit. Ich hatte vorher noch nie etwas mit einem Krankenhaus zu tun gehabt. Zuerst hatte ich ja gedacht, das sind alles Bekloppte, die dort liegen. Aber so war es nicht. Es waren Leute mit Schlaganfällen und Gehirntumoren. Man hat gesehen, wie es mit einigen Patienten bergab ging oder andere entlassen wurden und dann doch wiederkamen, weil sie nicht gesund wurden. In dieser

*Jugendweihe, 1989 (Gordon Kärsten, 3. v. r.)*

Zeit habe ich viel über das Leben gelernt, man weiß nie, wann es zu Ende ist.

Zur Bundeswehr bin ich eigentlich nur aus dem Grund nicht gegangen, weil ich damals eine Freundin hatte und diese Beziehung nicht aufs Spiel setzen wollte. Es war also nichts Spektakuläres. »Wehrerziehung« haben wir an der Schule früher gar nicht mehr gehabt. Auch »Zivilverteidigung« ist immer ausgefallen. Manchmal habe ich hinterher gedacht, es wäre vielleicht doch besser gewesen, wenn ich zum Bund gegangen wäre, weil ich dort mehr Chancen gehabt hätte, beruflich weiterzukommen.

Nach dem Zivildienst bekam ich eine Vorladung vom Arbeitsamt. Sie hätten für mich eine Fortbildungsmaßnahme zum IT-System-Elektroniker. Die Fortbildung dauerte acht Monate plus einen Monat Praktikum, das wir uns selbst suchen mußten. Ich fand einen Platz bei einer Tochterfirma der Telekom, bei der DeTeCSM.

Während dieser Anpassungsqualifizierung hatte ich zeitweise sogar das Gefühl, daß sie mir tatsächlich nutzte. Wenn dort aber die Grundlagen der Stromleitung behandelt wurden, fand ich das albern. Immerhin kamen die meisten von denen, die da saßen, aus dem Elektrobereich, und Grundlagenwissen hatte ich auch. In der praktischen Ausbildung haben wir der Schulungsfirma eine komplette Etage vernetzt. Das war sehr geschickt: Die Firma deklarierte die Arbeit als Ausbildungsinhalt, wir bekamen unsere praktische Ausbildung, und für das Ganze wurde sie vom Arbeitsamt noch bezahlt. So muß man das machen.

Das Arbeitsamt bot mir danach bei einer Firma, die Sicherungsschränke baute, eine Stelle als Industrieelektroniker an. Es ging dabei jedoch um Vertrieb, also Planung, Beratung und Verkauf. Das ist aber nicht mein Ding. Im Arbeitsamt dachten sie vielleicht, die Berufsbezeichnung klingt so ähnlich wie Kommunikationselektroniker. Das ist aber etwas ganz anderes.

Ich habe im Moment noch keine Ahnung, wohin ich mich orientieren soll. Ich hatte mich total auf die Telekom eingestellt. Soll ich das machen, was ich gelernt habe? Soll ich auf irgendwelchen Baustellen herumkraxeln? Soll ich vielleicht was völlig anderes versuchen, im Sportgeschäft arbeiten oder so? Daß ich in Magdeburg etwas finde, dafür sehe ich eher schwarz. Woanders habe ich mich aber noch nicht beworben. Wo auch? Ich habe überhaupt noch keinen Plan.

Jetzt warte ich erst einmal ab, was vom Arbeitsamt kommt.

Mein Tagesablauf gefällt mir eigentlich nicht so sehr. Ich spiele viel Basketball, gehe spät ins Bett. In den Staaten sind ja gerade die Finals, die sehen wir uns nachts im Fernsehen an. Ich war schon zu DDR-Zeiten in einem Basketballverein, heute spiele ich in der II. Mannschaft beim OBC Wolmirstedt. Zur Zeit habe ich aber auch keine Lust mehr, zwei-, dreimal in der Woche zum Training zu fahren. Es ist jetzt sowieso nicht viel los, weil die Saison vorbei ist. Am Wochenende zocken wir ein bißchen in einer Sporthalle, dienstags gehe ich zum Studentenbasketball, und manchmal fahre ich zum Training beim MSV. Ich könnte mir auch vorstellen, andere zu trainieren, aber dafür braucht man ja die Trainerlizenz. Das müßte ich mal überlegen. In der Schule habe ich auch am liebsten Sport gemacht – und Astronomie. Auch in Englisch war ich noch ganz gut. Das habe ich gemerkt, als ich nach dem Zivildienst in den Staaten war. Ich bin mit drei Kumpels nach New York geflogen und dann mit dem Auto herumgefahren: Boston, Niagara-Fälle, Chicago und wieder zurück.

Um das Reisen ging es ja wohl auch vielen in der DDR. Daß deshalb aber jemand aus meinem Umfeld abgehauen ist, daran kann mich nicht erinnern. Später, im Herbst 1989, habe ich öfter etwas von den Demos mitbekommen. Wenn ich mit der Straßenbahn zum Training fuhr, mußte ich am Domplatz vorbei. Es weiß noch, daß es mich tierisch genervt hat, wenn die Straßenbahn nicht weiterfahren konnte, weil dort demonstriert wurde und ich deshalb durch die halbe Stadt laufen mußte. Ich kann nicht sagen, daß ich mich damit beschäftigt habe, aber es war ja nicht zu übersehen, daß die Menschen demonstriert haben, weil sie unzufrieden waren. Weil sie reisen wollten.

Den Mauerfall habe ich gar nicht gleich mitgekriegt. Ich war krank und bin am 10. November früh zum Arzt gegangen. Auf dem Weg dorthin mußte ich am Polizeirevier vorbei, und ich habe mich gewundert, warum dort so eine Schlange von Menschen war. Später habe ich aus dem Fernsehen erfahren, daß die alle wegen des Visums angestanden haben.

Mein Vater hatte es nicht so eilig, in den Westen zu kommen. Die Autobahnen sind sowieso alle voll, sagte er. Ich habe zwar gedrängelt, wir sind aber trotzdem erst zwei oder drei Wochen später mit dem Trabant zu Verwandten bei Celle gefahren. Sie lebten schon immer im Westen. Gefallen hat es mir dort schon, logisch. Aber dort bleiben wollte ich nicht. Es gab alles, was sie früher so mitgebracht hatten, Schokolade und eben alles. Inzwischen weiß ich, daß sie sich damit nicht unbedingt in Unkosten gestürzt haben. Das Begrüßungsgeld habe ich nur sehr vorsichtig ausgegeben. Man wußte schließlich nicht, wie es weiterging. Vielleicht brauchte man das Geld ja noch.

Politische Diskussionen haben in unserer Familie nie eine große Rolle gespielt, obwohl meine Mutter in der SED war. Das kam wohl von meinen Großeltern her. Was dann später alles bekannt wurde, das mit der Stasi und so, davon hat man als Kind sowieso nichts gewußt. Aber überrascht hat es mich schon, daß die DDR am Ende war. Es ist uns als Familie ja wirklich nicht schlecht gegangen. Wir haben erst in einer Altbauwohnung gewohnt. 1986 sind wir dann nach Neustadt gezogen, in eine Neubauwohnung. Dort hatte ich auch ein eigenes Zimmer. Das war schön. Ich konnte mich wirklich nicht beschweren.

Früher wollte ich eigentlich Bauer werden. Meine Mutter kommt aus der Altmark. Als Kind habe ich die Sommerferien immer bei meinen Großeltern auf dem Dorf verbracht. Das war jedesmal eine schöne Zeit, die ich gern verlängert hätte. Auch meine Jugendweihe haben wir dort gefeiert. Die Festveranstaltung fand in einem Kino statt, im »Theater des Nordens«. Da ist jetzt ein Penny-Markt drin. Über der Bühne war die Losung angebracht: »Mehr für uns, mehr für alle, mehr für immer«. Das war im April 1989.

Wie es nach dem Mauerfall mit der DDR weitergehen würde, darüber habe ich mir wenig Gedanken gemacht. Eigentlich dachte ich schon, es bliebe alles so wie vorher, nur daß eben das Reisen hinzugekommen war. Daß Deutschland wieder eins würde, damit habe ich überhaupt nicht gerechnet. Und daß wir »Westgeld« bekommen würden, hatte ich mir nicht vorstellen können. Zur Währungsunion waren wir auf einer Klassenfahrt. Wir sind aber ganz in der Nähe geblieben und nur an den Barleber See gefahren – mit der Straßenbahn. War sicherer.

Mein Anspruch auf Arbeitslosengeld läuft noch ein dreiviertel Jahr. Ich bekomme monatlich 1 200 DM. Große Sprünge kann ich damit zwar nicht machen, aber es reicht aus. Ich habe mich schon gefragt, ob ich mich vielleicht selbständig machen sollte. Bloß: Womit macht man sich selbständig? Und hat das Erfolg?

Meine Eltern sagen im Moment noch nichts dazu, daß ich arbeitslos bin. Die Qualifizierung ist ja gerade einen Monat her. Sicher werden sie mich aber demnächst nerven: Junge, mach was! Was mir fehlt, ist eigentlich nur ein kleiner Tritt. Wahrscheinlich müßte ich mir den selbst verpassen.

# »Man muß versuchen, sich irgendwie von der Masse abzusetzen«

Ines Hengstmann aus Förderstedt (Sachsen-Anhalt), Rechtsanwalts- und Notargehilfin, Studentin des Wirtschaftsrechts

Ich denke, viele, die arbeitslos sind, könnten Arbeit haben. Das darf ich hier im Osten nicht zu laut sagen, aber ich glaube schon, daß es so ist. Ich meine damit nicht die Leute jenseits der Fünfzig, sondern die in meinem Alter. Die haben oft einfach keinen Bock, und das Selbstbewußtsein fehlt ihnen auch. Man muß flexibel sein und umlernen können. Ich weiß ja noch, wie es bei mir war.

Eigentlich sollte ich das Gymnasium besuchen. Angemeldet war ich schon, aber ich hatte keine Lust. Ich bin zum Arbeitsamt gegangen und habe mich erkundigt, wie es mit einer Lehre aussah. Rechtsanwalts- und Notargehilfin können Sie lernen, hieß es, im Westen, in Hannover. Ich habe darüber nicht weiter nachgedacht, mich beworben und die Lehre auch sofort bekommen. Meine Mutter wollte den Lehrvertrag nicht unterschreiben. Sie sagte, sie wolle nicht, daß ich ganz allein in eine große Stadt ziehe. Ich denke nicht, daß sie mir die Lehre nicht zugetraut hat. Vielmehr fürchtete sie wohl, daß ich mit irgendwelchen Drogen in Kontakt kommen könnte. Da habe ich den Lehrvertrag allein unterschrieben. Ich wollte einfach weg, eine eigene Bude haben und ganz fremd irgendwo sein. Damals war ich sechzehn. Ich lebte drei Jahre in Hannover, wohnte in einer kleinen Wohnung im Souterrain eines Einfamilienhauses und hatte eine super Vermieterin, mütterlich und cool zugleich. Es war der bisher wichtigste Abschnitt in meinem Leben, weil ich viel gelernt habe in dieser Zeit.

In der Kanzlei arbeiteten drei Anwälte, zwei von ihnen waren gleichzeitig Notare. Ich fand sie völlig normal. Sie haben manchmal über den Osten ihre Sprüche gemacht, von den »Kolonien« geredet, aber das war mir ziemlich egal. Mir gegenüber hatten sie keine Vorurteile.

Es war interessant zu erfahren, womit Rechtsanwälte und Gerichte beschäftigt werden: Streitigkeiten um einen Zweig aus dem Nachbargarten, der ins eigene Grundstück ragte, Erbschaftsangelegenheiten, bei denen am Ende vielleicht ein paar Mark herauskamen, weil sich der Streit durch drei Instanzen zog – unglaublich.

Auch mit dem Geld bin ich ganz gut klargekommen. Ich bekam Berufsausbildungsbeihilfe, hatte eine Bahncard, und die Volksbank räumte mir sofort einen Dispo-Kredit ein, obwohl ich nur Lehrling war. Einmal allerdings bin ich dann dem Kaufrausch so richtig erlegen und mußte nach Förderstedt, meiner Mutter beichten, daß ich mein Konto tierisch überzogen hatte. Sie hat es wieder ausgeglichen.

In der Berufsschule waren einige aus dem Osten, die nach dem Abitur dort hingekommen waren. Wenn ich gewollt hätte, hätte ich unter meinesgleichen bleiben können. Wollte ich aber nicht. Ich hatte auch westdeutsche Freunde. Es stand für mich aber immer fest, daß ich wieder zurückgehe. Man ist in einer großen Stadt eben doch anonymer. Vielleicht lag das auch an einem Erlebnis, das ich dort hatte: Ich bin einmal in der Straßenbahn zusammengebrochen, Kreislauf. An irgendeiner Haltestelle wachte ich auf, ausgerechnet in der schlimmsten Ecke von Hannover. Da fragte mich ein Junkie: He, brauchst'n Druck? Und ich war noch völlig benebelt. Bemüht hat sich jedenfalls niemand um mich, und die Straßenbahn war voll.

Zu Hause, in Förderstedt, hat sich gar nicht so viel geändert. Zu DDR-Zeiten wohnten dort 3 000 Leute, jetzt sind es vielleicht 2 500. Doch es wird sehr viel gebaut, da werden wir die 3 000er Grenze bald überschreiten. Förderstedt ist CDU-regiert. Sicherlich wurde nach 1989 der eine oder andere Politiker ausgetauscht, aber so »rot«

war man dort eigentlich nie. Vielleicht bin ich auch ein bißchen befangen, weil mein Vater früher im Gemeinderat saß und heute noch dort sitzt. Doch ich bin der Meinung, die Politiker in Förderstedt haben nach der Wende große Weitsicht bewiesen und machen eine gute Politik. Es gibt zwei nigelnagelneue Schulen, einen neuen Kindergarten und eine neue, moderne Sporthalle. Die Arbeitslosigkeit hält sich in Grenzen. Sofort nach dem Mauerfall, als andere noch nicht einmal wußten, was das überhaupt war, hatte die Gemeinde ein Gewerbegebiet beantragt. Dort sind ein Fensterhersteller, ein Baustoffhandel, die Energieversorgung Magdeburg und irgendeine Produktionshalle angesiedelt. Es werden zwar nicht die besten Löhne gezahlt, aber der Arbeitsmarkt ist eben so beschaffen. Wir alle würden es auch nicht anders machen, wenn wir Unternehmer wären. Wir würden die Leute ebenfalls für acht Mark arbeiten lassen.

Uns wurde in der Schule ja viel über den Kapitalismus erzählt. Oft absurdes Zeug: daß man im Westen nie in der Disko sein Glas stehenlassen darf, weil dann bestimmt gleich Drogen drin wären. Wie wir eigentlich in diese Westdisko geraten sollten, darüber wurde nichts gesagt. Trotzdem war ich natürlich bei den Jungen Pionieren und in der FDJ. Wenn ich irgendwie quergeschlagen hätte – mein Vater war selbständig, er hatte eine Tankstelle –, das hätte doch nichts genutzt. Ich hatte keinen Nachteil, und zu Hause gab es darüber keine Diskussionen. Später hat meine Mutter, sie ist Lehrerin, mir einmal erzählt, daß sie irgendwann aus dem Unterricht geholt und gefragt wurde: Warum haben Sie das *Neue Deutschland* nicht abonniert? Und wir hatten schon fünf Tageszeitungen! Da hat sie eben auch noch das *ND* abonniert. Das war nun einmal Pflichtlektüre, jedenfalls für Lehrer. Aus dem Unterricht herausgeholt, das muß man sich mal vorstellen!

Trotzdem ging es uns damals nicht schlecht, und es geht uns auch heute nicht schlecht. In unserer Familie spielt das aber auch keine besondere Rolle, ob früher etwas besser oder schlechter war als heute. Meine Mutter ist nur manchmal darüber genervt, daß in der Schule plötzlich alles nur noch Spaß machen muß. Ohne größeren Druck. Sie ist 57 Jahre alt, und bei der nächsten Gelegenheit wird sie wohl sagen: Ich hab' genug. Es sind auch einfach zu viele junge Lehrer auf der Straße.

Meine Eltern sind anders als ich. Sie fahren – auch wegen der Tankstelle – nie in Urlaub. Ihnen fehlt das nicht. Sie sind sehr sparsam. Ich, die Jüngste, bin wohl die »Geldvernichtungsmaschine« in der Familie. Ich reise gern. Über Weihnachten war ich in Dubai, zum Ramadan. Im Sommer fliege ich nach Kanada, mache vier Wochen Sprachurlaub, anschließend will ich nach Kalifornien. Zu DDR-Zeiten wären solche Reiseziele wie Flüge zum Mond gewesen. Einmal sind wir als Familie mit dem Barkas nach Bulgarien gefahren, vier Tage hin, vier Wochen Aufenthalt, vier Tage zurück. Das war der schönste Urlaub. Während der Fahrt haben wir im Auto geschlafen. Wir sind wunderbar miteinander ausgekommen.

Wir mußten das auch sonst können, weil meine Mutter Lehrerin an unserer Schule war. Sie hat mich und auch meine Schwester und meinen Bruder unterrichtet, in Russisch und Geographie. Das waren nicht gerade meine Schokoladenfächer, und es war oft schwierig, für beide Seiten.

Dem Umstand, daß meine Mutter Lehrerin war, verdanke ich wahrscheinlich, daß 1989 ein Artikel über meine Jugendweihe in der *Jungen Welt* stand. Mich hat das alles ziemlich genervt, diese Klamottenaussucherei und die Anproben. Den Friseur hätte man – aus heutiger Sicht – auf Schadenersatz verklagen müssen, in den Absatzschuhen konnte ich nicht laufen, und dazu dieser Ballonrock! Den Gürtel dafür hat die Schneiderin in ihrer Not übrigens aus einem Trabantgurt genäht. Dann diese scheußliche Bluse, dieser Kragen, diese Knöpfe. In der Dankesrede, die ich hielt, kamen Wörter vor wie »zu sagen«, die konnte ich natürlich mit meiner Zahnspange nicht aussprechen. Es war fürchterlich.

Den Mauerfall habe ich verpaßt. Zu der Zeit machte unsere Klasse ihre Abschlußfahrt nach Leningrad. Beim

Landeanflug auf Berlin dachte ich: Mein Gott, haben die viele Straßenlaternen. Dann sah ich, daß das Autos waren, Trabis. Zu Hause hatte mein Bruder auf einen Zeitungsrand gekritzelt: Wir sind im Westen. Im Westen, dachte ich, wie jetzt? Dann erst habe ich Nachrichten gehört.

Nach dem Mauerfall gingen auch aus Förderstedt viele in den Westen. Ich habe damals die Welt nicht mehr verstanden. Als ich meinen Vater fragte: Bleiben wir nun hier?, sagte er: Klar bleiben wir hier. Du wirst sehen, die kommen alle wieder zurück. Alle sind zwar nicht zurückgekommen, aber viele.

Wir sind wieder zur Schule gegangen, und ab und zu fuhren wir zum Einkaufen rüber. Die Lehrer an unserer Schule sind alle geblieben. Der Direktor ist auch immer noch derselbe. Er ist sehr engagiert. Warum soll man jemanden austauschen, wenn man mit ihm zufrieden ist?

Zu der Zeit hatte ich eigentlich Krankenschwester werden wollen. Das gefiel aber meinen Eltern nicht. Schichtdienst, und dann versorgst du irgendwelche Omas, sagten sie. Wir haben dann nicht mehr drüber gesprochen. Ich finde den Beruf aber heute noch toll. Außerdem wird ja im Öffentlichen Dienst ganz gut bezahlt.

Schon als Kind habe ich gesagt: Tankstelle? Dieser Geruch, und schmierige Zündkerzen verkaufen? Will ich nicht. Meine Schwester ist ein ganz anderer Typ, sie hat mit ihrem Mann inzwischen selbst eine Tankstelle, sie hat zwei Kinder, ein Haus und ist glücklich.

Mein Bruder hat ein bißchen Pech gehabt. Er wollte damals, noch zu DDR-Zeiten, das Abitur machen, studieren und Lehrer werden, er hatte sich auch für eine längere Zeit zum Armeedienst verpflichtet. Der Arzt sagte ihm jedoch, er könne wegen seines Asthmas nicht zur Armee gehen, höchstens zur Marine, und auch das konnte er dann nicht, weil der Bruder meines Vaters, zu dem fast kein Kontakt bestand, in den Niederlanden lebte. Also hieß es: Wenn du nicht zur NVA gehst, kannst du auch kein Abitur machen, also auch nicht studieren. Aus der Traum. Jetzt ist mein Bruder dreißig und arbeitet bei meinem Vater an der Tankstelle, und irgendwann einmal wird er sie von meinem Vater übernehmen.

Ich werde nichts dergleichen tun.

Als ich nach der Lehre zurückkam, wußte ich zunächst nicht so recht, was man von mir in der Arbeit erwartete, und ich dachte, das ist vielleicht ein guter Zeitpunkt, das Abitur nachzuholen. Nach einem Jahr Vollzeitunterricht an einer Wirtschaftsschule habe ich dann das Fachabitur abgelegt. Danach arbeitete ich in Magdeburg zwei Jahre in meinem Beruf, und als es mir zu öde wurde, dachte ich: Nun studiere ich. Zuerst habe ich zwei Semester Betriebswirtschaftslehre studiert, aber mit einem stinknormalen BWL-Studium kann man heute keinen Blumentopf mehr gewinnen. Außerdem habe ich ein gestörtes Verhältnis zur Mathematik. Der Hauptgrund aber war, daß mir dieses Studium nicht lebendig genug war. Ich hörte mich wieder auf dem Arbeitsamt um und erfuhr, daß es in Bernburg an der Fachhochschule einen neuen Studiengang gab: Wirtschaftsrecht. Das ist viel lebensnaher, jedenfalls für mich. Europarecht, Handels- und Gesellschaftsrecht, bürgerliches Recht, Schuldrecht, Stadtverfassungsrecht, Verwaltungsrecht – wir lernen die ganze Palette. Das Studium ist echt hardcore, kein Vergleich zur BWL. In unserem Studienjahr sind nur 50 Studenten, jeder Prof kennt uns mit Namen, man ist nicht so anonym. Und ich wohne wieder in Förderstedt, das ist nur sieben Kilometer entfernt. Es gefällt mir auch, daß wir ein halbes Jahr Praktikum machen müssen. Das ist im Studium gleich mit drin. Wenn man Glück hat, unterschreibt man dort gleich einen Arbeitsvertrag.

Ich könnte mir vorstellen, später als Konkursverwalter zu arbeiten. Das ist zwar im Moment ausschließlich Rechtsanwälten vorbehalten, eine Änderung ist hier aber in Sicht. Ich denke, man muß versuchen, sich irgendwie von der Masse abzuheben, sich gut zu verkaufen. Das liegt an jedem selbst. Man muß flexibel sein. Ich denke, das ist ein großes Problem im Osten. In einer Kanzlei in Magdeburg zum Beispiel hat es mir nicht mehr gefal-

*Jugendweihe, 1989*

len, weil Mitarbeiter manchmal derart unter der Gürtellinie zusammengestaucht wurden, und eines Tages bin ich nach der Mittagspause nicht mehr hingegangen. Meine Mutter meinte: Um Himmels willen, jetzt bist du arbeitslos! Da habe ich mir die »Gelben Seiten« genommen, jeden Rechtsanwalt in Magdeburg angerufen, und vier Wochen später hatte ich einen neuen Job. Das war überhaupt kein Problem. Auch in den Ferien habe ich bisher mit Hilfe der »Gelben Seiten« immer einen Job bekommen. Dabei ist es mir sogar gelungen, das Angenehme mit dem Nützlichen zu verbinden. Ich habe alle Busunternehmen angerufen und bin dann ein halbes Jahr mit Rentnern durch Europa getourt. Ich war in Slowenien, Italien und in Frankreich. Das hat mir großen Spaß gemacht, und Geld verdient habe ich auch.

Nächstes Jahr würde ich gern ein Auslandspraktikum machen, vielleicht bei einer Versicherung. Worauf ich mich spezialisieren werde, weiß ich noch nicht. Internationaler Handel, Arbeitsrecht, Personalwesen oder Banken und Versicherungen – im Moment tendiere ich zu Internationalem Handel. Für Arbeitsrecht nehmen sich die Firmen meistens Volljuristen, Banken und Versicherungen haben ihre eigenen Leute von der Bankakademie. Aber Internationaler Handel ist schon ziemlich spannend. Wohin ich nach dem Studium gehen werde, ist noch völlig offen, vielleicht ins Ausland? Ich bin da nicht festgelegt.

Ob mein Freund dann mitkommt, weiß ich nicht. Er ist Dachdeckermeister und baut sich jetzt gerade ein Haus. Manchmal ist es fürchterlich, vor allem mit Aufträgen, die von der öffentlichen Hand vergeben werden. Da heißt es dann, diese Rüstung da und dort, die paßt uns nicht, die ist uns zu teuer. Als Firma kann man sie aber nicht weglassen, weil sie vorgeschrieben ist, und wenn etwas passiert, ist man dran. Deshalb sind andere Anbieter dann günstiger, die sich nicht an die Vorschriften halten, und das kann doch nicht sein! Das mit den Beziehungen, von denen zu DDR-Zeiten immer geredet wurde, ist heute fast schlimmer, fürchte ich. Seit ich meinen Freund kenne, wir sind seit fünf Jahren zusammen, war er mit seiner Selbstverwirklichung befaßt. Er hat seine Meisterschule gemacht, die sehr viel Zeit in Anspruch genommen hat, und ich habe daraus nie ein Problem gemacht. Nun bin ich dran. Wenn er dann nicht mitkommen will, bleibt er eben hier. Er weiß auch, daß ich so denke. Es ist nicht so, daß ich ihm das erst sagen würde, wenn ich einen Arbeitsvertrag unterschrieben hätte.

Ich habe als Frau ja eigentlich nur zwei Varianten: Entweder ich werde ein stillendes Muttertier – wobei ich keineswegs eine Kinderhasserin bin –, oder ich mache etwas anderes aus meinem Leben. Im Westen waren die Frauen fast alle zu Hause, wenn sie Kinder hatten. Ich sehe das jetzt auch bei vielen Mädchen aus meiner früheren Klasse. Die sind aber auch nicht weit aus Förderstedt herausgekommen. Das wäre nichts für mich, da würde ich eingehen.

# »Ich weiß, daß ich Menschen helfe, denen es noch dreckiger geht als mir«

Marcel Reichelt aus Berlin, Sozialhilfeempfänger, ehrenamtlicher Helfer bei der Heilsarmee

Angefangen hat alles mit dreimal schwarzfahren. »Beförderungserschleichung« hieß das offiziell. Die 60 DM Strafe gingen zum Inkasso, vom Inkasso zum Rechtsanwalt, und dann kam die Sache separat zum Gericht. Da mußte ich schließlich 2 800 DM zahlen. Besser gesagt, ich sollte sie zahlen. Das konnte ich aber nicht, ich war pleite. Also entschied das Gericht, daß ich meine Strafe in einer gemeinnützigen Einrichtung abarbeitete. Ich habe deshalb herumgefragt, mich an die Aids-Stiftung gewandt und an die Freie Krebshilfe. Die Stellen dort waren aber alle belegt. In das Café der Heilsarmee bin ich dann über Umwege gekommen. Zuerst dachte ich, das sei eine Sekte, so etwas wie Scientology, die Zeugen Jehovas oder Mun. Dieses Wappen, fünf Sterne und ein Emblem – oh Gott, dachte ich, wo bin ich hier gelandet? Dann sah ich die Fahne, Blut und Feuer, das wird ja immer schlimmer. Gleich kommt der Guru. Schließlich kam Siegfried, in Uniform, die machte mich ganz schüchtern, ganz unsicher. Er erzählte mir etwas über William Booth, den Gründer der Heilsarmee, und dessen Grundmotto: Suppe, Seife, Seele. Ich habe gespannt zugehört und bin von da an regelmäßig hingegangen, pünktlich, ordentlich, sauber. Ich wollte einen guten Eindruck machen. Außerdem ging es mir nicht nur darum, die Strafe abzuarbeiten, ich wollte auch Menschen helfen.

Ich kriege seit zwei Jahren Sozialhilfe. Und von einem Sozialhilfeempfänger möchten die im Amt sehen, daß er ein Stück Initiative zeigt, daß er sich bemüht. Dabei wäre das mit der Arbeit hier beinahe gar nichts geworden. Das Café liegt in Prenzlauer Berg, ich wohne aber in Mitte, also befindet sich mein Sozialamt auch dort. Das wollte nicht akzeptieren, daß ich in einen anderen Bezirk ging. Die Heilsarmee gefiel ihnen wohl auch nicht. Die gehört nicht zu unseren Einrichtungen, hieß es, wir möchten nicht, daß Sie im religiösen Bereich arbeiten. Es gab zuerst nur Ablehnungen. Das fand ich sehr schade. Erst nachdem Herr Fischer von der Heilsarmee mehrere Briefe geschrieben hatte, wurde mir nach sehr langem Warten die Stelle bewilligt. Seitdem bekomme ich für meine Arbeit hier 120 DM im Monat. Hinzu kommen 534 DM Sozialhilfe. Die Miete wird erstattet. Zahlen muß ich für Bewag, Gasag, dann kommen meine Schulden, die Telekom. Mein Hund. Bei meinen Gläubigern habe ich Stundung beantragt. Teilweise zahle ich Raten à 20 DM oder 50 DM. Ein Tropfen auf dem heißen Stein, bei dem Kreditinstitut verringert sich dadurch noch nicht einmal meine Hauptschuldsumme. Das Geld wird zuerst für die Kreditzinsen verwendet, für die Rechnungs- und Kontostandsgebühren, und erst das letzte Drittel geht an die Hauptsumme.

Ich hatte nach der Schule eine Lehre als Koch begonnen. Nach anderthalb Jahren ging mein Betrieb, das Hotel Berolina, pleite. Sogar das Haus wurde abgerissen. Ich versuchte, eine neue Lehrstelle zu finden, das habe ich nicht geschafft. 65 Bewerbungen habe ich geschrieben, und immer hieß es, man habe bessere Lehrlinge gefunden, ich sei zu alt oder der Betrieb habe keine Lehrstellen frei. Absagen, jeden Tag Absagen.

Dann bekam ich einen Job bei McDonald's und habe mich hochgearbeitet. Ich verdiente gutes Geld, und man hat mir bei der Sparkasse einen größeren Kredit eingeräumt, bis 3 500 DM. Leider haben sie mir diesen Dispo-Kredit nicht gestrichen, nachdem ich wieder arbeitslos war, und ich habe mich nicht unter Kontrolle gehabt, wollte auch mal ins Kino, zur Disko. Mit dem Geld kann ich eben nicht so gut umgehen. So hat sich das bei der Sparkasse summiert. Hinzu kamen private Schulden. Ich bin mit Kumpels, früher habe ich sie Freunde genannt, in die Kneipe gegangen, habe vieles versoffen und Schulden dagelassen, mal 500 DM, mal 800 DM. Für einen Kumpel, dem ich vertraute, habe ich auf meinen Namen Videos ausgeborgt, und er hat sie nicht zurückgegeben. Jetzt habe ich auch bei der Videothek hohe Schulden für zwei fehlende Videos. Das schlaucht unheimlich. Ich wäre froh, wenn ich bei Null anfangen könnte, einfach bei Null. Ohne Schulden.

Zum Sozialamt wollte ich damals nicht gehen. Ich hatte anfangs noch einen Job bei der *Morgenpost* und habe nachts Zeitungen ausgetragen, um meine Wohnung zu finanzieren. Aber dann war ich wieder ohne Arbeit. Ich finde schon irgend etwas, sagte ich mir, aber ich habe nichts gefunden, und ich hatte dann auch bald kein Geld mehr. Ich bin trotzdem nicht zum Sozialamt gegangen. So tief wollte ich nicht sinken. Daß ich am Ende doch dort gelandet bin, hatte einen einfachen Grund: Hunger. Ich hatte nur noch Wasser und Zwieback. Am nächsten Tag war der Zwieback alle. Ich versuchte, mir aus Mehl und Wasser eine Suppe zu kochen, die mußte ich wieder ausspucken. Ich warte noch einen Tag ab, sagte ich mir. Am dritten Tag bekam ich Magenkrämpfe, da bin ich dann losgezogen zum Sozialamt. Dort gab man mir Lebensmittelgutscheine, und ich konnte einkaufen, doch ich habe mich dabei nicht wohlgefühlt. Es hat immer etwas Erniedrigendes, zum Amt zu gehen, als würde man sich durchschlauchen wollen. Viele Leute sagen, Mensch, Marcel, was dir alles zusteht: Renovierungshilfe, ein neuer Schrank. Am besten haust du noch ein paar Löcher in die Wand. Ich will aber nicht das Sozialamt leimen. Ich will arbeiten.

Mein größter Wunsch wäre es, richtig als Koch zu arbeiten. Ich koche bei der Heilsarmee auch, aber hier ist es eine Kostenfrage, wir kochen ja aus Spendenmitteln, und das Essen muß nicht schmecken, es soll satt machen. Ich mache schon mehr daraus als nötig. Der noch mit mir kocht, sagt manchmal, Mensch, du hast 'ne Macke, das können wir uns gar nicht leisten. Aber so ein Sternchen aus Tomate, ein bißchen Petersilie? Ein bißchen Liebe halt. Mach nicht soviel, hab' ich schon öfter gehört, sonst kommen die Leute ja wieder. So kann ich nicht denken. Ich versuche immer, ein schmackhaftes Essen zu bereiten, mal einen Auflauf und vielleicht eine Vorsuppe, im Rahmen des Möglichen eben. Da kommt ja auch was zurück. Der eine oder andere sagt dann, das Essen war gut, es hat geschmeckt. Das baut auf, seelisch, mich und sie.

Mir fällt es nicht schwer, mir beim Kochen immer wieder etwas Neues einfallen zu lassen. Man muß ein bißchen zaubern können, aus dem, was vorhanden ist. Was ich habe, das gebe ich gern. Improvisieren hat man ja in der DDR gelernt. Meine Mutter hat zum Beispiel Soljanka gekocht. Restesuppe nannte sie das. Sie war Köchin in der Bauarbeiterversorgung. Dann sagten die Bauarbeiter, Mensch, das schmeckt ja so toll, was is'n da drin? Tja, sagte meine Mutter, Betriebsgeheimnis. Ich habe meiner Mutter gern bei ihrer Arbeit zugesehen und sie bewundert, wie sie da herumgewirtschaftet hat.

Meine Mutter hat mich und meine Geschwister so gut wie allein aufgezogen. Meinen Vater habe ich nie richtig kennengelernt. Er war Alkoholiker. Was mir in Erinnerung blieb, sind nur Fetzen aus der Zeit, als ich vier, fünf Jahre alt war: wie er meine Mutter geschlagen hat, wie er sie die Treppe hinuntergestoßen hat. Damals wohnten wir noch auf dem Dorf, in Summt bei Berlin. Gleich am Ortseingang ist ein großes Haus mit 2 000 m² Grundstück. Unten war der Konsum, oben wohnten wir. Anfang der Achtziger sind wir nach Berlin gezogen, in eine Wohnung mit 80 m², Hochbett und Gasheizung. Meine Mutter arbeitete zuerst als Gemüseverkäuferin, danach als Köchin.

Der Unterschied zwischen Summt und Berlin war immens. Die Umstellung fiel mir sehr schwer. Mir fehlten die Tiere, das Landleben, mein Hund. Wir hatten einen Collie, er hieß Prinz. Als Kind vom Dorf wurde ich viel gehänselt, und weil mein damaliger Familienname Grönke war, haben sie mich immer Kröte genannt. Ich war Außenseiter, war mehr so ein Bücherwurm. Die anderen

46

sind spielen gegangen, haben herumgetollt, ich habe mir Bücher aus der Bibliothek geholt: Jules Verne: »In 80 Tagen um die Erde« und »Das Schulgespenst« von Peter Abraham. Ich habe auch das *Mosaik* gesammelt. Mein ältestes Heft war von 1976. Es hat fast ein Jahr gedauert, bis ich Anschluß fand. Dann war es ganz schön in Berlin. Ich wurde Jungpionier und habe mein blaues Halstuch bekommen. Wir sind von Tür zu Tür gezogen und sammelten Altstoffe für Nicaragua. Ich weiß noch genau, was man für die Altstoffe bei Sero bekam: 30 Pfennig für ein Einweckglas, 15 Pfennig für eine Schnapsflasche, 30 Pfennig für ein Kilo Altpapier.

Thälmann-Pionier bin ich in der Wuhlheide geworden, im Pionierpark. Weiße Bluse, rotes Halstuch. Daran erinnere ich mich noch gut. An die Jugendweihe auch. Das war ein Tag, an dem man mich akzeptiert hat. Alle Verwandten kamen auf einmal, Tanten, Onkel, und nur wegen mir. Im Friedrichstadtpalast hielt Karl-Eduard von Schnitzler eine Rede, und ich in feinen Sachen. Was er gesagt hat, habe ich vergessen, es ist mir aber nicht unangenehm in Erinnerung. Ich war ja auch mit der DDR völlig einverstanden. 1989 habe ich als Agitator Artikel über die Ereignisse am Platz des Himmlischen Friedens ausgeschnitten, als Befürworter. Damals glaubte ich, daß das richtig war, daß es gut, daß es legitim war. Ich kannte ja nur diese eine Seite. In der Schule hatte man uns Bilder von den Fixern am Bahnhof Zoo gezeigt, die sich einen Schuß gaben, und Bilder vom Strich, den Zuhältern und den ganzen Kriminellen. Diese Bilder werde ich nie vergessen. Mein Urteil stand fest: Der Westen war schlecht, der Osten war gut.

Und dann fiel die Mauer. Am 9. November habe ich davon gar nichts mitbekommen. Ich bin am nächsten Tag ganz normal zur Schule gegangen. Die Hälfte der Klasse fehlte, und meine Klassenlehrerin war den Tränen nahe. Sie sagte, jetzt wird das kommen, was ich euch prophezeit habe. Jetzt kommt die Kriminalität hier herüber. Nachmittags bin ich mit meiner Schwester zum Ku'damm gefahren. Jeder, den wir nach dem Weg fragten, sagte: Tut mir leid, ich bin aus dem Osten. Am Bahnhof Zoo war mein erster Gedanke, daß ich jetzt abgestochen, von den Drogenabhängigen – meine Lehrerin sagte immer: »das asoziale Gesocks« – überrannt werden würde. Ich hatte ja die Bilder im Kopf.

Mein Leben hat sich durch den Mauerfall sehr verändert. In der DDR hätte ich bestimmt eine Lehre gemacht. Egal wie, man hätte mich mit durchgezogen, im damaligen Trott. Die DDR war ja ein Fürsorgestaat. Selbst wenn nur 200 Lehrstellen da gewesen wären, hätten sie 1 000 Lehrlinge untergebracht. Ich wäre auch einer von denen gewesen, bestimmt. Aber ich wäre niemals Christ geworden. Ich habe früher nie an Gott gedacht. Nur an das System.

Christ bin ich in Serrahn geworden, auf einer Reise mit der Heilsarmee. Ich war sehr skeptisch und wollte zuerst gar nicht mitfahren. Was soll das alles, dieser religiöse Quatsch? Bisher war ich nur neugierig gewesen, habe auch in der Bibel gelesen, es aber vor mir hergeschoben, Christ zu werden. Ich werde es nicht heute, sondern morgen oder übermorgen, dachte ich. Dann haben sich einige aus der Gemeinde, ich nenne sie Familie, für mich interessiert und mit mir geredet, und in Serrahn habe ich schließlich lange mit jemandem, der eigentlich auch nicht mitfahren wollte, über den Glauben gesprochen. Irgendwann waren dann alle Zweifel weg, und ich bin doch noch gläubig geworden, am letzten Tag. Vielleicht lag es auch daran, daß es in Serrahn so schön war. Kein Autohupen, kein Lärm, Wahnsinn. In der ersten Nacht konnte ich nicht schlafen, weil es so ruhig war. Und einmal war ich nachts am See, den Sternenhimmel und die Stille werde ich nie vergessen.

Ich träume davon, eines Tages an einem abgelegenen Waldsee in einer Blockhütte zu leben, mit meinem Hund. Ich habe auch schon überlegt, ob ich nach Summt zurückziehen sollte. Aber da ist ja keiner mehr. Meine Großeltern sind vor zwölf Wochen weggezogen. Sie haben 60 Jahre in Summt gelebt. Jetzt wohnen sie auch in Berlin.

Hier habe ich ja auch eine Aufgabe – und meine Familie, die Heilsarmee. Zu ihr habe ich einen besseren Kontakt als zu meiner Mutter oder meinen Geschwistern. Meine Mutter hat mich einmal angerufen und mir gesagt, daß sie Krebs hat. Wir hatten anderthalb Jahre keinen Kontakt mehr gehabt. Dann fragte sie mich, ob es mir nicht leid tue, daß sie nun 200 DM weniger im Monat habe. Sie muß rückwirkend für die ganze Zeit, in der ich seither Sozialhilfe bezogen habe, insgesamt 6 000 DM in monatlichen Raten an das Sozialamt zahlen. Ich war danach überhaupt nicht mehr ansprechbar. Meiner Mutter hatte das damals überhaupt nicht gefallen, daß aus der Lehre nichts geworden war. Mach irgend etwas, sagte sie, von mir aus auch Klos putzen oder Straße fegen. Sie habe vier Kinder großgezogen und jede Arbeit angenommen, um uns durchzukriegen. Sie fand das auch nicht gut, daß ich Sozialhilfe bezogen habe. Was sollte ich denn aber machen, ich hatte ja alles schon durch: habe am Fließband gestanden, im Klärwerk gearbeitet und als Reinigungskraft gejobbt. Dabei wußte ich, daß ich Besseres konnte.

Beim Gottesdienst habe ich dann wieder Mut gefaßt und einen der Christen gefragt, ob er mich zu meiner Mutter begleiten würde. Das hat er getan. Ich bin dankbar dafür, allein hätte ich das nicht gewagt. Ich hatte Angst. Auch daß sie sich verändert haben könnte, daß sie vielleicht keine Haare mehr hatte. Als meine Mutter die Uniform sah, fragte sie, ob er bei der Bundeswehr sei, sie kennt ja die Uniformen der Heilsarmee nicht. Der Empfang war freundlich, sie hat mich gedrückt und noch mal gedrückt. Da habe ich gemerkt, daß sie mich lieb hat.

Aus meiner Klasse bin ich wohl der einzige, aus dem nichts geworden ist. Vor vier Wochen traf ich meine Jugendliebe. Wahrscheinlich weiß sie das gar nicht, ich habe mich nie getraut, ihr das zu sagen. Sie ist jetzt Polizistin. Und die Dümmste aus der Klasse, die dazu auch faul war, ist Friseuse geworden. Sie hat es auch geschafft. Einer macht Abitur, einer ist bei der Bundesbahn, ein anderer, auch nicht sonderlich intelligent, ist Maler und hat eine Freundin. Ich war nicht dumm, faul war ich auch nicht, aber ich bin Sozialhilfeempfänger.

Meine Strafe hatte ich inzwischen abgearbeitet. In der Heilsarmee sagten sie damals, Mensch, Marcel, die Strafarbeit ist beendet, möchtest du nicht bleiben? Na klar, ich freute mich darüber. Jetzt bin ich stolz darauf. Ich weiß, daß ich Menschen helfe – Obdachlosen, Drogenabhängigen, Alkoholikern. Ich weiß, daß ich Menschen helfe, denen es noch dreckiger geht als mir. Im Vergleich zu ihnen bin ich ein wirklich glücklicher Mensch, ein überglücklicher Mensch. Ich weiß, wenn ich mich hier umsehe, wie gut es mir geht. Es ist eben immer die Frage: Womit vergleicht man sich?

## »Der Osten? Kann schon sein, daß ich da einiges romantisiere«

Christiane Paul aus Berlin,
Ärztin und Schauspielerin

Manchmal würde ich schon gern wissen, was aus mir geworden wäre, hätte die DDR sich nicht verabschiedet. Ob ich in die Partei eingetreten wäre? Kann schon sein. Ich war ja auch in der FDJ aktiv. Ärztin wäre ich aber auf jeden Fall geworden, das wollte ich schon immer, seit ich denken kann. Sicher auch, weil meine Eltern beide Mediziner sind, mein Vater Orthopäde und meine Mutter Anästhesistin. In meiner Klasse war das aber ziemlich verpönt, und damit nicht wieder irgend so ein Spruch kam, habe ich einfach gesagt: Ich werde Traumatologe. Da muß ich zwölf oder dreizehn Jahre alt gewesen sein. Fragten sie alle verdutzt: Wie? Was? Doch damit war's gut. Daß Traumatologen die Unfall-Chirurgen sind, wußte ja keiner. Weil ich aus einer Arztfamilie kam, in der es sogar zwei Autos gab, hatte ich es manchmal nicht gerade leicht. Immer war ich »die Arzttochter«. Als ich einmal »Arbeiterkinder« gerufen habe, um mich zu wehren, mußte ich vor den Gruppenrat und mich rechtfertigen. So etwas wie Reichtum gab es ja in der DDR nicht. Zwei Autos waren da schon viel.

Ich habe an das System geglaubt, an die Werte, die uns in der Schule vermittelt wurden: soziale Sicherheit, Gemeinwohl, Kinderschutz, freien Zugang zur Bildung. Ein System eben, das Menschen zu Kultur und Bildung erzieht oder jedenfalls erziehen wollte. Ich denke schon, daß dafür im Osten mehr getan worden ist, für die Masse, meine ich. Es gab bei uns auch nicht solche kulturellen Unterschiede. Ein Straßenbahnfahrer hatte die gleichen Bücher im Regal wie ein Akademiker: Gogol, Hemingway. Heute befaßt sich damit nur eine gewisse Schicht, eine Elite. Die Allgemeinheit wird in irgendeiner Form abgesättigt, liest Boulevard und guckt Fernsehen. In der DDR sind auch Arbeiter ins Theater gegangen. Das wurde für die Brigaden organisiert und subventioniert. Man konnte das bezahlen. Das war durchaus ein Wert, finde ich.

Mein Jahrgang war der letzte, der nach zwölf Klassen das Abitur machte, und ich hatte manchmal das Gefühl, daß eine Art Trennwand zwischen uns und den Jüngeren stand. Vielleicht waren wir tatsächlich der letzte Schuljahrgang, der noch mit der DDR verbunden war. Die Klassen nach uns waren schon west-orientierter. Ich bin jedenfalls froh, daß ich im Osten aufgewachsen bin. Dadurch weiß ich, daß es noch andere Dinge gibt, nicht bloß Karriere und Egoismus, eine andere Lebensauffassung eben. Und die hatten wir nicht etwa, weil wir eine Kellergemeinschaft waren, weil wir nicht ausreisen durften. Kann schon sein, daß ich da einiges romantisiere, schließlich bewege ich mich nur in bestimmten Kreisen, unter Leuten, die ähnliche Ansichten haben. Was am Osten anders war, kann ich sowieso nur schwer beschreiben. Das war einfach eine andere Sorte Mensch.

Sicher, über vieles habe ich zu Ostzeiten nicht so nachgedacht, weil es einfach selbstverständlich war. Die Jugendweihe auch. Ich habe mich damals, das war 1988, darauf gefreut. Das lief ganz normal und im regulären Trott. Es ging ja doch vor allem darum, wer welche Sachen trug und welche Geschenke man bekam. Es war klar, man machte das erste Mal so richtig Party mit der Klasse und konnte auch das erste Mal was trinken. Unsere Jugendweihe war im Kulturhaus von Bergmann Borsig in Wilhelmsruh, an der Grenze. Ich habe den »Dank der Jugendweiheteilnehmer« gesprochen. Danke dafür und Danke dafür. Und Danke auch für die Führung im Dialysezentrum Berlin. Eben für alles, was man in den Jugendstunden für uns organisiert hatte. Die Veranstaltung war sehr festlich, ein Orchester spielte, und man hat wirklich das Gefühl gehabt, man wurde in die Reihen der Erwachsenen aufgenommen.

Im Juli 1989, also in der Zeit, als die Ausreisewellen schon ziemlich stark waren, sind wir auf einer Auszeichnungsreise von der FDJ in Prag gewesen und von dort aus zu einem Ort gefahren, an dem viele Bewohner durch die Deutschen hingerichtet worden sind, nach Lidice. Vorher sollten wir für den Ort spenden. Meine Freundin und ich haben uns damals geweigert. Wir wußten ja überhaupt noch nicht, wohin es ging. Spenden? Bloß weil das alle machten? Wir werden dann wohl eure Eltern durch den FDJ-Zentralrat informieren, hieß es. Ich war GOL-Agitator, und meine Freundin war GOL-Sekretär an einer anderen Schule. Wir waren beide fertig! Um Gottes willen, was haben wir uns jetzt wieder eingebrockt, dachten wir. Im Bus hatten wir vorher schon immer gesungen: »Die Gedanken sind frei!« Ich habe öfter mal solche Sätze von mir gegeben, einfach, um zu provozieren. Auf irgendeiner Fahrt, auch wieder von der FDJ, behauptete ich, die Bundesrepublik sei demokratischer als die DDR. Na ja, das stieß natürlich auf »Unverständnis«.

Im letzten Jahr, also 1989, habe ich an meiner Schule, gemeinsam mit der Pionierleiterin, mit den Schülern die Aufnahmegespräche für die FDJ geführt. Die haben mich echt dafür gehaßt, weil ich sagte: So einfach kann man jetzt nicht mehr in die FDJ aufgenommen werden. Ihr müßt begründen, warum ihr das wollt. So habe ich zu einigen gesagt: Nö – und die Aufnahme verschoben. Das war heftig, die Abgelehnten dachten natürlich, ihre Zukunft ginge flöten, weil jedem klar war: Wenn man nicht in der FDJ war, dann hatte man echt schlechte Aussichten. Genau das hatte ich aber wirklich satt, diesen Opportunismus. Ein Erlebnis, bevor die Mauer fiel, hat mich allerdings erschreckt. Das war, als in der Schule Truppen stationiert wurden, um den 7. Oktober '89 herum. Da kamen, noch bevor wir die Schule verlassen hatten, Lkws mit NVA-Leuten oder Kampfgruppen oder Bereitschaftspolizei. Ich bin dann ganz schnell weggegangen.

Ich war damals in der »Schülergesellschaft« an der Humboldt-Universität. Im Anschluß an die Veranstaltungen sind wir im Nikolaiviertel immer noch Grilletta essen gegangen und hinterher zum Staatsratsgebäude, da war tierisch viel los. Viele Leute hatten wegen der Ungarn-Flüchtlinge Blumen niedergelegt, und es standen Bewaffnete dort. Es wurde diskutiert über die Sowjetunion und Gorbatschow, über die Mauer und den Schießbefehl. Manchmal kamen auch Parteifunktionäre raus, um sich den Leuten zu stellen.

Einen Tag nach der Maueröffnung bin ich mit einer Freundin rüber, über die Bornholmer Straße. Das war schon komisch. Wir haben uns das Geld abgeholt und ein paar Ohrringe gekauft, 'ne Sonnenbrille und so 'n Quatsch. Danach war ich aber nicht oft in Westberlin. Ich fand es fremd, und ich fand es auch kalt. Ein paar schöne Ecken gab's schon, aber was da sonst war, McDonald's und so, das wollte ich alles gar nicht. Als ich dann später im Westen gearbeitet habe, war das anders, da hatte ich mehr Berührungspunkte.

Im Januar 1990 war ich dann eine der ersten an unserer Schule, die aus der FDJ austraten. Ich habe meinen Ausweis auf den Tisch gelegt und gesagt: Ich trete aus, und zwar, weil ich gehört habe, daß die DDR Waffen geschmuggelt und Waffen verkauft hat. Das hat mich echt enttäuscht. War sicher ziemlich naiv. Meine Pionierleiterin war auch sehr enttäuscht, aber von mir; ich glaube, sie dachte auf einmal, ich hätte die FDJ nur als Sprungbrett für die EOS benutzt, was aber großer Unsinn war. Mein Zensurendurchschnitt hätte genügt, um auf die EOS zu kommen. Das hat mir nicht nur Freunde gebracht, die FDJ nicht und die guten Zensuren auch nicht. Ich stand immer ein bißchen im Abseits und hatte deswegen richtige Komplexe, gerade in der Pubertät.

Damals dachte ich, vielleicht könnte ich nebenbei Model werden, so als Ausgleich für meine Komplexe. In einem FDJ-Lager in Lenz war ich schon einmal bei einer Miß-Wahl Dritte geworden. Jedenfalls schickte ich 1990, als die *Junge Welt* zusammen mit der *Miss Vogue* einen

Model-Contest machte, das Foto aus Lenz nach München, dazu noch ein Bild, auf dem ich mit meinen Eltern zu sehen war, und klebte einen gelben Zettel an: Ich bin zwar nur 1,72 cm groß, aber nicht gleich wegwerfen, bitte erst ansehen. Und wirklich: Zwei Tage vor dem eigentlichen Contest wurde ich angerufen, weil jemand ausgefallen war und der Redakteur sich an den gelben Zettel erinnert hatte. Ich kam in München tatsächlich unter die ersten zehn und wurde damit in die Agentur aufgenommen.

In München war ich zuerst ohne einen Pfennig. Es muß gerade zur Währungsunion gewesen sein. Das war Horror, ich hatte keine Kohle, rein gar nichts. Und von dem Gar nichts mußte ich 'ne Set-Karte machen, 175 DM Miete in der Woche zahlen, Kaution hinterlegen. Auf einmal hatte ich fast 10 000 DM Schulden. D-Mark, D-Mark! Ehe ich etwas verdienen konnte, mußte ich mich als Model ja erst einmal etablieren. Also bin ich jeden Tag durch München gerannt, von Fotograf zu Fotograf. Weil ich auch irgendwie zu Geld kommen mußte, habe ich mich in einer Fleischerei vorgestellt und wollte dort morgens saubermachen. Ohne Lohnsteuerkarte ginge das nicht, wurde mir gesagt. Was, Lohnsteuerkarte? Na, ich habe es dann auch nicht gemacht, ich mußte als Model ja immer ausgeschlafen aussehen. Und dann lief es tatsächlich auch an. Den ersten Job, eine Werbesache, hatte ich bei der Post, und ich war auf dem Titel von *Bravo-Girl*. Das hat ein halbes Jahr sehr gut funktioniert. Die Schulden habe ich tatsächlich abarbeiten können.

Einerseits hatte ich nun plötzlich alle Möglichkeiten, diese neue Welt von ihren angenehmen Seiten kennenzulernen, andererseits haben mich ihre Gegensätze verwirrt und erschüttert. Das waren extreme Begebenheiten, die ich mit meinem damaligen Weltbild überhaupt nicht zusammenbekam. An zwei erinnere ich mich noch genau: Im Dezember 1990 hatte ich für eine Unterwäschefirma einen Job in Nürnberg. Abends, im Hotel, unterhielten sich die anderen Models und sagten so beiläufig: Hunger, das ist natürliche Auslese, das braucht es, damit die Welt reguliert wird. Und ich saß da, mit all meinen Idealen im Kopf, und habe gedacht: Merkt ihr noch was? Ich war richtig verzweifelt, ich habe echt geheult. Ein Jahr später, während des Golf-Krieges, ich war damals an meiner Schule Schülersprecherin, bin ich morgens in die Englischstunde geplatzt und habe gerufen: Wir müssen demonstrieren gehen! Jetzt gleich! Na, da war ich wohl ein bißchen zu forsch, aber wir sind dann noch gegangen. Zur gleichen Zeit bekam ich einen Model-Job in der Schweiz, in St. Moritz, und wohnte dort in einem der besten Hotels. Der Golf-Krieg tobte, aber niemanden von den Urlaubern schien das zu beunruhigen. Die Damen trugen ihre Pelze zur Schau, alle ließen es sich gut gehen. Es war irre: In Berlin hatte ich gerade noch demonstriert, und plötzlich saß ich hier unter diesen Leuten in St. Moritz.

1991 hatte ich das erste Casting für einen Film, es war erfolgreich, und ich drehte meinen allerersten Film, »Deutschfieber«. Die Dreharbeiten waren irgendwo im West-Harz. Wenn ich freihatte, ging ich zur Schule in die nächste Stadt. Das war ein ziemlicher Kulturschock für mich. Die Schule war ein Neubau, gut, das kannte ich noch von unserer Ernst-Busch-Schule. Doch es gab zum Beispiel im Westen keine Schulspeisung. Bei uns hatte der Hausmeister auch immer Milch verkauft. Das war dort nicht üblich. Man konnte an einem Stand Knoppers kaufen und Coca-Cola. In der Oberstufe hatte man auch keine Klassenverbände mehr. Es war unter den Schülern nicht so ein Miteinander wie an unserer Schule, das spürte man einfach. Es gab diese Kurse. Das fand ich nicht gut. Keiner war wirklich zuständig von den Lehrern. Man hatte einen Tutor. Das Wort war mir unbekannt bis dato, Tutor. Ich habe dort auch eine Zeugnisausgabe miterlebt. Der Lehrer kannte die Schüler kaum. Es gab gar nichts – keine Einschätzung, keine Bewertung oder Richtlinie. Nur das Zeugnis, einfach so. Ich finde es auch nicht richtig, daß man Fächer abwählen kann. Man muß sich doch ein Allgemeinwissen aufbauen! Mein alter Mathe-Lehrer hat immer gesagt: Mensch, ihr müßt

*Jugendweihe, 1988*

nicht unbedingt Wurzeln ziehen können, aber ihr müßt euch einem Problem stellen können und versuchen, es zu lösen. Das ist das Entscheidende, ob euch das nun Spaß macht oder nicht. Da hat er absolut recht gehabt!

Der Regisseur von »Deutschfieber« war Niklaus Schilling. Er wollte für die Rolle jemanden, der aus dem Osten kam, da die Figur, die ich spielen sollte, im Osten aufgewachsen ist. Meine Persönlichkeitsentwicklung ist natürlich anders abgelaufen als die eines Menschen, der im Westen aufgewachsen ist. Leute meines Alters aus dem Westen kommen mir manchmal viel satter vor. Natürlich: Jemand aus Rußland wird die Welt auch anders sehen als jemand aus den USA, weil er andere Lebensbedingungen hatte. Ich glaube, wir im Osten waren generell für unser Alter viel ernster. Wir haben uns viel intensiver mit der Wirklichkeit befassen müssen, mit dem politischen Leben, haben Lenins »Dekret über den Frieden« gelesen und anderes. An der Ernst-Busch-Schule hat unsere Klassenlehrerin immer montags morgens eine Stunde politischen Unterricht gemacht: Heute haben wir den Weltfriedenstag, was bedeutet das? Es war eben Usus, daß wir uns mit dem Weltgeschehen auseinandersetzten. Und natürlich ist es schwierig, wenn man in der 8. Klasse gefragt wird: Was willst du eigentlich mal werden? Aber es ist richtig, glaube ich. Der Berufswunsch kann sich später ja ändern. Aber daß man erst einmal gezwungen ist, darüber nachzudenken, das ist doch okay. Heute wissen die Leute oft bis 25 nicht, was sie eigentlich machen wollen. Ob das so gut ist? Ich bin jedenfalls jetzt mit meinem Medizinstudium fertig, nach sechseinhalb Jahren, sechs sind wohl normal. Ich habe ein Semester ausgesetzt, für einen Film.

Daß mir was fehlt, weil ich in der DDR aufgewachsen bin, glaube ich nicht. Ich habe eher das Gefühl, daß mir jetzt etwas fehlt. Natürlich, der Kapitalismus ist gut für Leute, die Talente haben und risikofreudig sind. Eine Karriere als Schauspielerin neben einem Medizinstudium hätte ich wohl in der DDR nicht machen können. Aber heute ist jeder so ungeheuer mit sich selbst beschäftigt und damit, seine Existenz zu sichern. Es klingt blöd, wenn ich das sage, aber mir fehlt ein Sinn, mir fehlt ein Ziel. Nicht das persönliche Ziel, das habe ich. Aber ich habe das Bedürfnis, mich darüber hinaus irgendwo einzubringen. Das meiste in meinem Leben dreht sich nur um mich selbst, es geht um die reine Selbstverwirklichung. Im Osten hatte alles eine andere Tiefe. Vielleicht ist das auch sentimental. Ich weiß es nicht. Tiefe läßt sich ja nicht wirklich beschreiben. Mir kommt vieles im Westen oberflächlicher vor. Aber ich merke, wie schwierig es ist, das so auszudrücken, daß man verstanden wird. Ich möchte etwas machen, was Substanz hat. Ich habe keine Lust auf Belanglosigkeit. Früher habe ich immer gedacht: Oh Gott, eine Familie, einen Mann und dann vielleicht auch noch ein Haus, das will ich alles nicht. Aber jetzt bin ich soweit, daß ich denke: Wenn ich zwei Kinder großziehe, die auch noch einigermaßen mit dem Leben umgehen können, dann habe ich schon eine Menge gekonnt. So ändern sich die Ansichten.

In meinem Alter muß man sich dem Leben stellen, aber manchmal habe ich totale Angst. Man studiert jahrelang, und dann? Sie kürzen überall, schließen Krankenhäuser. Ich weiß nicht, wieviel Ärzte schon arbeitslos sind, ein Viertel? Meines Erachtens stimmen die Relationen nicht. Momentan wird darüber diskutiert, die Hierarchie in der Medizin abzubauen. Die Hierarchie ist aber, glaube ich, elementar wichtig, man kann doch als Arzt im Praktikum bei der Arbeit nicht anfangen zu diskutieren! Die Hierarchie müßte nur richtig eingesetzt werden. Man muß als Chef wissen, daß man nur mit einem Team arbeiten kann, wenn dieses Team auch fähig ist. Wenn man aber immer nur Halbjahresverträge bekommt, kann man sich überhaupt nicht richtig entwickeln. Als junger Arzt kann und will ich doch gar nicht entscheiden, um Gottes willen! Ich will, daß jemand die Entscheidungen trifft, der 30 Jahre im Beruf ist, der auch die Verantwortung dafür tragen kann. Ich möchte aber lernen, wie man dahin kommt.

Die Filme sind auf jeden Fall schon mal da. Manchmal aber kommen Zweifel. Ich war ja nicht auf der Schauspielschule. Als ich schon zwei Filme gedreht hatte, habe ich mich mal beworben und bekam auch einen Vorsprechtermin. Ich wollte mal so gucken, habe ich nun Talent? Mit Niklaus Schilling hatte ich mich darauf vorbereitet – und dann habe ich in meiner Aufregung den Termin verwechselt und stand in Adlershof vor verschlossenen Türen. Nein, heute ist zu, sagten sie, fahren Sie nach Hause. Ich habe dann angerufen und gefragt: Wann ist denn der Termin? – Morgen. – Ach, da kann ich doch nicht. – Warum können Sie nicht? – Ich hab' 'ne Prüfung. – Was haben Sie denn für eine Prüfung? – Ich hab' Anatomie-Prüfung, studiere Medizin. – Na, dann machen Sie mal Ihr Studium zu Ende. Ich habe schon verstanden, warum sie das sagten: Weil man bei ihnen seine ganze Zeit investieren muß, seine ganze Kraft. Danach habe ich es nie wieder probiert.

Seit zwei Jahren arbeite ich wieder mit einem Lehrer. Das ist natürlich nicht dasselbe, als wenn man ständig Schauspielunterricht hätte. Aber ich möchte lernen, wie man mit Sprache umgeht, sie benutzt, den Körper richtig einsetzt. Die Filmsprache ist ja eine sehr spezielle Sprache. Man muß aus dem Alltag in eine Filmsprache springen und die dann wiederum alltäglich machen. Das ist schwierig. In der Chirurgie ist vieles klarer. Deshalb ist sie auch das Fachgebiet, das mich interessiert. Weil man operieren kann und schnell entscheiden muß, und auch, weil man rasch einen Erfolg sieht. Vor den Entscheidungen habe ich keine Angst. Man wächst ja in die Aufgaben hinein.

Inzwischen habe ich schon mit vielen Schauspielern gearbeitet. Mit Jürgen Vogel zum Beispiel, ich hatte ihn in »Kleine Haie« gesehen. Jürgen Vogel, dachte ich, das ist nicht euer Ernst. Plötzlich kam ich in Regionen, die mir völlig fremd waren, zu denen ich vorher nur hochgeguckt hatte.

Es gibt Leute, die können gar nichts, und trotzdem merkt es keiner. Mir sieht man sofort an, wenn ich etwas nicht kann, ich bin nicht in der Lage, das zu verbergen. Obwohl: Bei meinem zweiten Film, in dem auch Götz George spielte, war Manfred Dorniok der Produzent, ein ziemlich bedeutender Produzent, der auch »Hanussen« produziert hat und »Oberst Redl« und »Mephisto«. Ich war damals achtzehn und eigentlich viel zu jung für die weibliche Hauptrolle. Er rief mich in sein Büro und fragte:

Frau Paul, denken Sie denn, daß Sie das schaffen? Und ich sah einen Riesenlapislazuli auf seinem Tisch. Da dachte ich, das habe ich schon gewonnen, das ist mein Glücksstein, und ich sagte: Ja, ich schaffe das.

Demnächst drehe ich wieder, mit Fatih Akin, einem jungen türkischen Regisseur, der den Film »Kurz und schmerzlos« gemacht hat. Das wird eine Liebesgeschichte, zusammen mit Moritz Bleibtreu, ein Road-Movie, der durch ganz Osteuropa, von Hamburg nach Istanbul, durch Ungarn und Rumänien führt. Es wird schon schiefgehen, hoffe ich.

Für den Film bin ich jetzt sicherlich wieder zwei Monate weg. Mein Freund und ich, wir vermissen uns gegenseitig. Aber wichtig ist doch, daß man die Zeit, die man hat, intensiv nutzt. Ich kenne das auch von meinen Eltern. Die haben auch viel nachts gearbeitet, und ich war oft allein. Aber sie waren immer da, wenn ich sie gebraucht habe. Das ist das Entscheidende.

# »Bei Mercedes war es richtig schön«

Denis Matuszak aus Zeuthen (Brandenburg),
Betriebswirt

An meine Jugendweihe habe ich keine bösen Erinnerungen. Aus meiner Klasse haben alle an der Jugendweihe teilgenommen, nur zwei sind zusätzlich noch konfirmiert worden, allerdings erst ein Jahr später. Die Jugendweihe war im Mai 1989, als die Ausreisen sich bereits steigerten. Einer hat nur noch die Zeugnisausgabe abgewartet, und gleich am nächsten Tag waren er und seine Mutter weg. Nach der Wende hat er sich gemeldet und die Fluchtstory erzählt. Trotz der drei- oder viertausend Mark, die sie an den Schleuser bezahlt hatten, mußte sich der Sohn unter den Jeep hängen, und das mit 14 Jahren. Die Mutter hat auf dem Rücksitz gekauert, unter Decken versteckt. Inzwischen ist er aber wieder da und studiert in Berlin. Wie das so ist: Wenn man längere Zeit irgendwo gewohnt hat, will man irgendwann zurück.

Die Eichwalder Schule war immer ein bißchen streng. In der 7. Klasse haben wir mal am 1. Mai eine Radtour gemacht, dadurch war unsere Klasse bei der Maidemonstration wenig vertreten. Die stellvertretende Direktorin, eine ganz scharfe, hat am nächsten Tag ein riesiges Theater gemacht. Ich habe das damals gar nicht verstanden, es war ja auch früher schon so gewesen, daß man sich am 1. Mai so schnell wie möglich in die Büsche schlug. Zu der Zeit wurden wir Jungen auch mehrmals von dieser Direktorin und einem Mann in Uniform zu Gesprächen wegen der Armeeverpflichtung vorgeladen, in denen versucht wurde, uns weichzuklopfen. Meine Mutter meinte, wenn sie dir wegen der Armee kommen, dann versuche, sie irgendwie hinzuhalten, bis sie keine Lust mehr haben. Ich habe auch nie etwas unterschrieben.

Die beiden, die zur Christenlehre gingen, haben sie gar nicht gefragt.

Ich ging damals in die Arbeitsgemeinschaft Mathematik. Von meiner Oma und meinem Opa aus Westdeutschland hatte ich einen Computer geschenkt bekommen, und ich begann, einfache Sachen zu programmieren und Dreiecke auf den Bildschirm zu zaubern. Aber darüber, was ich einmal beruflich machen wollte, hatte ich noch keine festen Vorstellungen. Man wurde in der Schule ja ständig danach gefragt. Mit dreizehn konnte ich mir einfach nicht vorstellen, später einmal jeden Tag arbeiten zu gehen. Ich lebte in der Jetzt-Welt. Über zukünftige Dinge habe ich mir erst dann den Kopf zerbrochen, wenn sie akut wurden. Das änderte sich erst mit achtzehn, neunzehn. Vielleicht ist das bei Mädchen ja anders, weil sie sich früher entwickeln. Jedenfalls kenne ich keinen Jungen, der schon immer wußte, daß er Pilot werden wollte, und dann auch Pilot geworden ist.

Meine Mutter wollte immer, daß ich zur EOS gehe. Aber bei dem Zensurendurchschnitt, der gefordert wurde, war es auch für die besseren Schüler sehr schwierig, mitzuhalten. Der Gedanke an die EOS hat mich trotzdem beschäftigt. Ich habe in der FDJ-Leitung mitgemacht, meistens als Agitator, und dachte, vielleicht klappt das ja doch noch irgendwie mit dem Abitur. Dann kam die Wende.

Am Morgen nach dem 9. November bin ich aufgewacht und habe in den Nachrichten von *SAT 1* gesehen, daß die Mauer gefallen ist. Ich bin am selben Tag noch nach Westberlin gefahren und habe mir das Begrüßungsgeld geholt. Meine Mutter hat mir das Geld auch gelassen. Ich kaufte mir für den Computer einen neuen Joystick und eine *Sport-Bild*.

Richtig in den Westen, nach Leverkusen, bin ich am 20. Februar gefahren. Oma und Opa wohnen dort und mein Vater. Den hatte ich nicht gesehen, seit er 1980 bei einer Dienstreise über Tunesien in den Westen getürmt war. Er hatte als Ökonom im Werk für Signal- und Sicherungstechnik gearbeitet. Damals hat es mit meinen

Eltern wohl nicht mehr so richtig gestimmt. Mein Vater ging nach Westdeutschland und hat auch gleich Anstellung gefunden. Er hatte sogar zwei Angebote, konnte wählen zwischen Bayer und Siemens. Er hat sich für Bayer entschieden und immer ein gutes Auskommen gehabt. Damals, in den Achtzigern, war ja drüben noch eine gute Zeit. Er hat dann lange in Japan gelebt, acht, neun Jahre, und als sein Vertrag 1990 auslief, kam er nach Leverkusen zurück. Da haben wir uns gesehen. Wir haben ganz gut zueinander gefunden.

Leverkusen war wie Wunderland. Mein Vater hatte über Bayer günstig einen Mietwagen geliehen, natürlich einen Mercedes, und ich habe gestaunt und geguckt. Ich war ja erst 14 Jahre alt. Beim zweiten Mal war es nicht mehr so toll. Das war nach der Währungsunion, da gab es hier auch schon alles.

In der Schule setzte ein großes Durcheinander ein. Meine Klassenlehrerin verabschiedete sich im 1. Halbjahr der 9. Klasse und ging zum Gemeinderat. Dann kursierten irgendwelche Listen, in die man eintragen sollte, an welche Schule man gehen wollte. Zum Schluß stellte sich heraus, daß wir nach der 9. Klasse wechseln mußten. 1990 bin ich auf das Gymnasium in Königs Wusterhausen gegangen. Ich war froh, daß ich dort wenigstens einen Mitschüler kannte. Lehrer aus dem Westen hatten wir nicht. Meine Klassenlehrerin hatte einige Jahre im Reisebüro gearbeitet, weil sie gegen das System gewesen war. Nun war sie in den Schuldienst zurückgekommen, gleich im nächsten Jahr aber wieder verschwunden. Auch wieder ohne Kommentar. Ich habe es dagegen gern, wenn die Lehrer bleiben. Dann kann man sich auf sie einstellen, und die Lehrer können sich auch auf die Schüler einstellen. Ich fand es nie gut, wenn sich dauernd etwas änderte. Nun hatte sich aber alles geändert, und das war verdammt schwierig.

Das war es wahrscheinlich auch für meine Mutter, aber das habe ich nicht so wahrgenommen. Sie war Maskenbildnerin beim Deutschen Fernsehfunk, und als es hieß, es würde ein Landessender Brandenburg eingerichtet werden, hat sie sich gleich beworben und sich dorthin abgesetzt, ehe sie vielleicht beim Fernsehfunk das Licht ausmachte.

In der Abiturzeit habe ich mich nicht gerade überschlagen. Irgendwie war mir die Schule in der Zeit nicht so wichtig. Ausgehen und Spaß haben waren wichtiger. Wir sind ins »Come in« nach Adlershof und haben auch Diskotheken in Berlin erkundet. Leute aus dem Westen habe ich nicht kennengelernt, ich bin auch in Berlin kaum in den Westteil gefahren. Außer einmal ins »Big Eden«. Da waren wir aber schnell wieder weg, weil ein Bier acht DM gekostet hat. Lieber saßen wir in größerer Runde auf Gartenparties, haben gegrillt und uns über Gott und die Welt unterhalten. Wir haben sicher dabei auch mal einen über den Durst getrunken, aber das war schon in Ordnung so.

Weil ich bis zum Ende des Abiturs keinen Brief von der Bundeswehr hatte, wollte ich anfangen zu studieren. An der TU in Berlin bekam ich zu hören, daß sie es nicht mögen, wenn Studenten ihr Studium unterbrechen. Und da ich weder Bund noch Zivildienst absolviert habe, seien meine Chancen nicht gut. Deshalb habe ich mich an der Fachhochschule in Wildau beworben. Das war früher eine Ingernieurschule und nun völlig im Umbruch. Sie hatte für ihre neuen Studiengänge geworben: Wirtschaftsinformatik und Betriebswirtschaft. Ich bin für BWL angenommen worden. Zu uns kamen viele Dozenten aus dem Westen, relativ junge. Die Umstellung war groß für mich. Achtzig Studenten in einer Vorlesung, das war ein bißchen anders als Schule. Die ersten Prüfungen fand ich total hart, drei Wochen durchlernen. Man hatte einen dicken Hefter, und aus dem sollte man alles wissen. Nach der achten Prüfung habe ich einen richtigen Koller gehabt, und ausgerechnet in der Klausur, von der ich dachte, sie sei bestimmt gut gelaufen, bin ich glatt durchgefallen.

Gut war, daß man das fünfte Semester als Praktikum absolvieren mußte, 20 Wochen in einem Betrieb, den man sich selbst gesucht hatte. Dabei hatte ich großes Glück.

Über die Gleichstellungsbeauftragte bei meiner Mutter bekam ich einen Praktikumsplatz bei Mercedes-Benz in Ludwigsfelde. Mir ging ganz schön die Muffe. Am ersten Tag erschien ich im Anzug und war natürlich völlig overdressed. Naja, ich hatte gedacht, das ist schließlich Daimler-Benz. Mein Chef, er war knapp dreißig, erzählte gleich von irgendwelchen Promotion-Trucks und Trucker-Treffs. Das habe ich so schnell überhaupt nicht begriffen.

Meine Aufgabe war es dann, Prospekte von diesem Promotion-Truck zu verschicken. Das ist eine Sattelzugmaschine, vorn ein Bullfänger, hinten ein Auflieger mit einer kleinen Ausstellung der Modelle, die Mercedes baut. Später habe ich den Truck an verschiedene Autohäuser vermietet, die ihn auf Veranstaltungen bei sich ausstellten; da war unser »Show-Truck« immer eine Attraktion.

Bei dem ersten Trucker-Fest war ich in der Beratung der Kunden noch ein bißchen unsicher. Nach dem Fest fuhren zwei ältere Kollegen mit dem Truck zurück, und ich sollte mit einer Kollegin den Mercedes nehmen. Sie wollte aber nicht fahren, also bin ich die ganze Zeit C-Klasse gefahren. War echt schick, und ich konnte es erst auch gar nicht fassen. Das zweite Trucker-Treffen in der Nähe von Frankfurt am Main lief dann bereits besser. Man hatte schon ein bißchen mehr Selbstbewußtsein aufgebaut. Mein Chef, den ich sehr mochte, das Mädel und ich haben uns dann schon geduzt, und wir hatten vorher ausgemacht, abends in Frankfurt schön auszugehen. Vielleicht lief das bei uns alles ein bißchen lockerer, weil das Mercedes im Osten war. Ich habe gehört, daß das in anderen Mercedeswerken anders ist. Jedenfalls sind wir in Frankfurt ausgegangen, bis 5.00 Uhr früh.

Bei Mercedes war es richtig schön. Ich habe eine Menge Leute kennengelernt und auch etwas von der Firmenphilosophie. Dieses Praktikum hat mir viel gegeben, für mein ganzes Leben, und es hat mir so einen Kick gegeben für den Beruf.

Bei Mercedes habe ich dann auch meine Diplomarbeit geschrieben. Das war gut. Ich kann das jedem Diplomanden nur empfehlen, in eine Firma zu gehen und jeden Tag an seiner Arbeit zu basteln. Dann hat man einen Druck, läßt sich nicht hängen und bekommt auch einen ganz anderen Horizont. Die Verteidigung habe ich damals allerdings einmal verschieben müssen, weil ich ein total unsicheres Gefühl hatte. Beim zweiten Termin lief es dann gut. Danach war ich total erleichtert.

Anschließend wollte erst einmal meinen Zivildienst machen. Bundeswehr kam für mich überhaupt nicht in Frage, ich finde das ganze System verkehrt, ich bin für eine Berufsarmee. Beim Zivildienst war ich inzwischen angenommen, hatte aber noch keine Stelle. Ich bin nicht der Typ, der in ein Altenheim geht. Ich dachte an irgendeinen vernünftigen Job in der Verwaltung. Inzwischen aber will ja fast die Hälfte der Wehrpflichtigen nicht mehr zum Bund, und als ich merkte, daß es nicht so einfach war, etwas Entsprechendes zu finden, bin ich ganz schön ins Schwitzen gekommen. Schließlich bekam ich mit Hilfe meiner Mutter doch noch einen guten Zivildienstposten bei den Johannitern. Ich habe sprachbehinderte Erst- und Zweitkläßler zur Sprachschule nach Köpenick gefahren. Mittags haben wir dann Essen ausgefahren für alte Leute. Meistens war ich gegen 14.00 Uhr zu Hause. Wir hatten keine Lust, die ganze Zeit in der Dienststelle herumzuhängen. Von den Frauen dort bekam man dann bloß Kopieraufträge. Manchmal sagten wir auch, wir fahren zur Tankstelle, das Auto waschen, und haben uns in die Sonne gelegt. Das lief alles sehr locker ab.

Als das Ende des Zivildienstes näherrückte, fing ich an, Bewerbungen zu schreiben, habe mich aber wohl nicht so richtig dahintergeklemmt. Ein bißchen in der *Morgenpost* geblättert und die Inserate gelesen. Im Internet habe ich es auch versucht. Doch ich bekam wenig Antworten. Nach dem Zivildienst mußte ich erst einmal übergangsweise Arbeitslosengeld beantragen. Ich hatte ja auch keine Krankenversicherung mehr, es gab ständig Streß mit der AOK. Dann kam die Bewilligung vom Arbeitsamt, und ich war wieder versichert. Da habe ich das erste Mal die Härten des Systems gespürt. Daß man zeitweise so auf sich allein gestellt sein würde, hätte ich nicht gedacht.

Auf meine weiteren Bewerbungen bekam ich zunächst jede Menge Absagen bekommen. Das hat mich ganz schön frustriert. Zwar sagen alle, das ist doch völlig normal mit den Absagen. Aber so einfach ist das eben doch nicht. Man verliert ganz schön das Selbstwertgefühl. Dann, als für mich die Talsohle erreicht war, ergaben sich wie aus heiterem Himmel einige Vorstellungsgespräche. Die liefen aber völlig gegensätzlich ab. Bei meinem ersten Termin warf mir der Personalchef eines größeren Möbelzentrums meine Bewerbungsunterlagen über den Tisch zu. Er habe gar keine Zeit gefunden, sich die anzuschauen, und ich solle ihm mal etwas über mich und meine Führungsqualitäten erzählen. Das hat mich wirklich total verunsichert, und ich hatte eher ein ungutes Gefühl nach dieser Unterredung. Es hat sich später auch so bestätigt. Bei den folgenden Terminen wurde ich dann aber durch diese erste schlimme Erfahrung sicherer. Ich bekam eine Arbeit in einem Autohaus angeboten. Die wollte ich nun nicht. Es gab eine Zusage von Sony, allerdings in Köln. Ich hatte aber gerade eine neue Wohnung bezogen, die Küche eingebaut, da wollte ich nicht fort von hier. Mein Vater wollte mich schon die ganze Zeit nach Leverkusen holen, er würde mir auch alle zwei Wochen den Heimflug bezahlen, aber das lockte mich auch nicht. Sicher, heute sagt man vielleicht, ich sei unflexibel. Aber ich kann mit solchen Schlagworten nichts anfangen. Sich völlig von hier zu verabschieden, das ist nicht mein Ding. Ich habe meine Mutter hier, ein Umfeld, kenne viele Leute. Das müßte ich ja alles aufgeben.

Mitte Juli stellte sich für mich schließlich ein schöner Erfolg ein. Nach einem sehr angenehmen und auch lockeren Vorstellungsgespräch bei einer Management Agentur in Potsdam wurde mir ein Vertrag angeboten, zunächst befristet auf zwei Monate. Ich denke, ich werde wirklich alles daransetzen und mein Bestes geben, um diese Chance zu nutzen.

# »Ich bin gern auf der sicheren Seite«

## Nicole Birka aus Frankfurt (Oder) (Brandenburg), Bundesgrenzschutzbeamte

Eigentlich wollte ich nur »Enterprise« gucken, als ich nach Hause kam und den Fernseher anschaltete. Da hörte ich auf einmal: Erich Honecker zurückgetreten. Für mich brach in diesem Moment alles zusammen. Ich war ja ein Kind der DDR und habe zu diesem Staat gestanden. Meine Eltern waren beide Angehörige der NVA. Bis zum Tod von Armeegeneral Heinz Hoffmann, dem früheren Verteidigungsminister, war mein Vater dessen Cheffahrer gewesen. Danach war er im Transportbataillon in Strausberg Nord bei Berlin. Meine Mutter arbeitete als Chefsekretärin im Verteidigungsministerium. Da die politische Lage es hergab, hatte ich Angst, meine Eltern würden irgendwann ihre Arbeit verlieren.

Im Dezember 1989 wurde mein Vater, nachdem die NVA »besiegt« war, als Stabsoberfähnrich entlassen. Es gebe einen Personalüberhang, hieß es, deshalb müßten Stellen abgebaut werden. Meine Mutter behielt ihren Arbeitsplatz und bekam einen neuen Vorgesetzten aus der Bundeswehr. Mein Vater bewarb sich neu und wurde im April 1990 in die Bundeswehr eingestellt – und zwei Dienstgrade heruntergestuft. Inzwischen ist er wieder Berufssoldat und Hauptfeldwebel der Bundeswehr. Als die NVA aufgelöst wurde, waren meinen Eltern ihre Ängste nicht anzumerken. Ich bin sehr stolz auf sie.

Wir haben früher schon gelegentlich »Westfernsehen« gesehen, um informiert zu sein. Man sah zwar viel Konsum und Warenüberschuß, aber auch die Tabellen mit den Arbeitslosenquoten. Unglaublich waren für mich die Bilder der überfüllten Züge mit DDR-Bürgern, die über die ungarische Grenze »flüchteten«. Hinzu kam, daß sie mit Bananen empfangen wurden – ein peinlicher Anblick. Daß plötzlich so viele ihr Land verließen, um, wie man sagte, Reisefreiheit zu genießen, war für mich unverständlich. Die wenigsten hatten doch die Reisemöglichkeiten genutzt, die es gegeben hat, wie zum Beispiel Tschechien, Slowakei, Ungarn, Bulgarien. Meine Familie war jedes Jahr im Ausland zum Camping, auch wenn es mal »nur« Tschechien war. Natürlich haben mich auch andere, westliche Länder interessiert, aber deshalb alles stehen und liegen lassen?

Als die Berliner Mauer geöffnet wurde, verging noch ein Monat, bis meine Familie nach Westberlin fuhr. Es war uns schon peinlich, wie Bettler die 100 DM abzuholen, und noch mehr, das Geld in Waren umzusetzen. Im Kaufhaus dachte ich, bloß nichts anfassen, sonst denken die, wir Ossis kaufen alles. Mittlerweile hat sich mein Verhältnis zum Westen normalisiert. Nicht zuletzt durch die zweieinhalb Jahre Ausbildung in Niedersachsen.

Ich bin in Strausberg aufgewachsen. Meine Schule, die Friedrich-Engels-Oberschule, lag mitten im Armeewohngebiet. Ich war Schülerin einer Russischklasse. An uns wurden höhere Anforderungen gestellt, auch in allen anderen Fächern. Trotzdem waren wir eine ganz normale Klasse mit guten und weniger guten Leistungen. Gut war derjenige, der dienstags in der Hofpause als erster in der Kaufhalle war, um eine der wenigen *Bravo*s zu ergattern.

Mit unseren Lehrern konnten wir ganz zufrieden sein. Sie haben versucht, uns gut zu unterstützen, damit wir mit dem Neuen klarkamen. Sie haben uns ganz praktische Dinge beigebracht, etwa wie Bewerbungen geschrieben werden. Aber auch, daß man ohne das nötige Wissen die Schulnote Sechs verdient. Die Steigerung von Fünf auf Sechs war eine weniger schöne Erfahrung. Für die Abschlußprüfung in der 10. Klasse habe ich das erste Mal so richtig gelernt. Ich wollte einen guten Start ins Berufsleben haben.

Es ist eigentlich kein Wunder, daß ich zum BGS gegangen bin. Ich habe schon immer Uniform-Berufe interes-

*Jugendweihe, 1990 (Nicole Birka r.)*

sant gefunden: Ich bin ja mit Uniformen aufgewachsen.
Zuerst hatte ich mir noch alles offengelassen, der Abi-
turplatz war mir sicher. Jedoch wollte ich bei meinen
Eltern nicht mehr die Hand aufhalten müssen. Meine
Mutter brachte mir von der Arbeit eine Werbebroschüre
des BGS mit, der im Osten zu diesem Zeitpunkt im Auf-
bau war und Bewerber suchte. Zu Beginn der 10. Klasse
bewarb ich mich im Grenzschutz-Präsidium Nord, Bad
Bramstedt.

Zum Eignungsauswahlverfahren mußte ich nach Gif-
horn in Niedersachsen, und ich fuhr das erste Mal in die
alten Bundesländer. Es war eigenartig für mich, an der
Abteilungswache meinen DDR-Ausweis vorzuzeigen und
mit dem Schriftsatz zum Eignungstest Einlaß zu bekommen.

Der Test dauerte drei Tage. Die deutsche Sprache, Mathematik und sportliche Fähigkeiten wurden als erstes
überprüft. Danach folgte eine gründliche ärztliche Un-
tersuchung, bei der schon einige Bewerberinnen abgelehnt wurden. Zu guter Letzt kam das persönliche Gespräch, das alles entscheidende. Wir Mädels aus dem
Osten wurden gern über die Verhältnisse in der DDR be-

fragt. Was man so dachte – über die FDJ, über die Wende, über andere staatliche Einrichtungen. Von mir wollte man beiläufig wissen, wer denn Peter Göring sei. In Strausberg hatten wir in der Peter-Göring-Straße gewohnt. Als ich antwortete, daß es sich um einen an der deutsch-deutschen Grenze erschossenen NVA-Soldaten handele, sagten sie nichts mehr. Schließlich fragten sie nach den Beweggründen für meine Bewerbung. Ich erklärte, daß ich für das Recht eintreten möchte. Das meinte ich so.

Ich bin ein ziemlicher Gerechtigkeitsfanatiker. Schon als Kind hatte ich große Ehrfurcht vor Polizisten, schon wenn ich nur einmal mit dem Fahrrad auf dem Fußweg fuhr. Mittlerweile nimmt die Polizei den Platz des Sündenbocks ein oder ist, wie wir sagen, »der Abfalleimer der Nation«; sie wird für vieles verantwortlich gemacht, was nicht dem Sinn der Öffentlichkeit entspricht. Vielleicht kommt meine Meinung daher, daß ich auf einem Bahnhof arbeite und man es dort oft mit Extremfällen zu tun hat. Normale Bürger begehen selten Straftaten. Wir haben es zu tun mit Aussteigern der Gesellschaft, sogenannten Asozialen, mit Fußballfans, die nicht selten ihren Aggressionen freien Lauf lassen, vorwiegend aber mit ausländischen Staatsangehörigen, polnischen, russischen, ukrainischen Bürgern, bei denen es sich um Straftatbestände wie unerlaubter Aufenthalt, unerlaubte Arbeitsaufnahme, Diebstahl, Erschleichen von Leistungen und so weiter handelt.

In meiner zweieinhalbjährigen Ausbildung an drei verschiedenen Standorten des BGS wurde ich sehr gut auf den Dienst vorbereitet. Wir waren ein bunter Haufen von Polizeimeisteranwärtern. Die eine Hälfte aus den alten Bundesländern, die andere Hälfte aus Sachsen-Anhalt, Berlin und Brandenburg. Nach spätestens einem halben Jahr waren die Grenzen und Vergleiche in den Köpfen verschwunden, da bei der Zimmeraufteilung größtenteils darauf geachtet worden war, daß Ossis und Wessis gemischt wohnten. Das einzige Problem, das es längere Zeit gab, war die Uhrzeit. Hieß es nun drei Viertel fünf oder Viertel vor fünf? In diesem Streit wollte sich niemand beugen.

Nach Beendigung meines Laufbahnlehrganges und Ernennung zur Polizeimeisterin im BGS wurde ich im Mai 1995 zur Bahnpolizeiwache Frankfurt (Oder) versetzt. Unser Aufgabengebiet umfaßte die Kontrolle des reibungslosen Ablauf des Bahnverkehrs, Streckenüberwachung, Bestreifung der Bahnhöfe, das Verhindern oder Feststellen von Straftaten und Ordnungswidrigkeiten auf dem Bahngebiet. Seit der BGS-Reform 1998 gehört die Kontrolle des grenzüberschreitenden Reiseverkehr ebenfalls dazu.

Leider wird irrtümlich oft angenommen, daß der Bundesgrenzschutz nur an den Grenzen Befugnisse hat. Dabei ist die Bahnpolizei, integriert in den BGS, im gesamten Bundesgebiet auf Bahngeländen und dazugehörigen Einrichtungen zuständig. Die Unkenntnis macht es nicht immer einfach, zum Beispiel eine Personalienkontrolle durchzuführen. Von einigen Gruppen wird man leider auch nicht ernst genommen. Halbstarke fühlen sich schon auf den Schlips getreten, wenn man nur vorbeigeht. Dumme Sprüche sind da keine Seltenheit. Die Polizei der Länder genießt größeren Respekt. Wahrscheinlich, weil sie mehr Eingriffsbefugnisse hat, vor allem im Straßenverkehr.

Ich persönlich habe noch keine allzu schlechten Erfahrungen gemacht. Vielleicht strahlt man im Ernstfall doch genügend Autorität aus. Aus Gründen der Eigensicherung dürfen zwei Frauen nicht miteinander Streife laufen. Bei mir würde sich diese Vorschrift erübrigen, da ich seit längerer Zeit die einzige Frau in meiner Schicht bin. Ausgebildet sind wir natürlich genauso gut wie unsere männlichen Kollegen. Im Moment versuche ich, mein Fachwissen in unserem Aufgabenbereich zu intensivieren.

Eine Beförderung zur Obermeisterin im BGS wäre sicherlich eine schöne Sache, jedoch sieht der Haushaltsplan zur Zeit keine Anhebungen vor. Alle zwei Jahre stehen Personalbeurteilungen an. Die sind natürlich entscheidend für Beförderungen oder Umsetzungen. Ich bin ganz zufrieden mit meinen Beurteilungen.

Im Oktober 1999 bin ich bereits sieben Jahre beim Bundesgrenzschutz. Bereut habe ich es noch nie. Ärgerlich sind die Geschichten von Beamten, die ihre Arbeit wegen Bestechungsgeldern aufs Spiel setzen. Leider wirft das immer ein schlechtes Bild auf den ganzen BGS.

Ohnehin haben viele Bürger eine negative Meinung über den öffentlichen Dienst. Allein deshalb, weil ich damals beim Grenzschutz meine Ausbildung begann, habe ich viele »Freunde« verloren. Einige kannte ich schon sehr lange, aus der Schule oder vom Training. Ich war seit der 1. Klasse in der Armee-Sport-Vereinigung und trainierte Schwimmen. Als es zur Wahl stand, zur Kinder- und Jugendsportschule nach Potsdam zu gehen, lehnten meine Eltern das ab. Tatsächlich wäre aus mir nie eine Spitzenschwimmerin geworden, da ich mit 1,63 m zu klein war. In der 4. Klasse bin ich in die Sektion Schwimmen übergewechselt. Das war so üblich, da die Kinder bis Abschluß der 3. Klasse auf das Training in der KJS vorbereitet wurden. Erst nach Abschluß der 10. Klasse trat ich aus dem Sportverein aus. Jetzt gehe ich noch gelegentlich schwimmen und versuche meine Rettungsschwimmerstufen nicht verfallen zu lassen.

Das Gute an den Sportvereinen in der DDR war, daß jeder die Möglichkeit hatte, Mitglied zu werden. Heutzutage muß man keine geringen Beiträge zahlen, um regelmäßig einem Hobby nachzugehen. Viele Eltern können sich das nicht leisten oder haben kein Interesse an sportlichen Aktivitäten ihrer Kinder. Diese Kinder lernen es nicht, ihre Zeit sinnvoll zu verbringen, treiben sich herum, lieben es, Flaschen zu zerschlagen oder Parkanlagen zu demolieren. Es ist bedauerlich, daß die Eltern nichts dagegen tun.

Was mir in der heutigen Zeit fehlt, ist das Vertrauen in die Zukunft. Wer weiß noch mit Sicherheit, ob er seine Arbeit, seine Wohnung behält und seinen Lebensabend genießen kann? Kann man sicher sein, in 20 Jahren noch seine Rente ausgezahlt zu bekommen? Meine Freundin ist Arzthelferin in Mecklenburg-Vorpommern. Da dort eine hohe Arbeitslosigkeit herrscht, muß sie trotz Qualifizierung Angst um ihren Arbeitsplatz haben. Ich kann froh sein, nicht mit diesen Ängsten leben zu müssen, da mein Beruf zur Zeit sicher ist. In der freien Wirtschaft zu arbeiten, könnte ich mir nicht vorstellen. Diese Ellenbogengesellschaft und das Risiko schrecken mich ab. Ich bin gern auf der sicheren Seite. Natürlich hätten mich auch andere Berufsrichtungen interessiert wie Kriminologie oder Meeresbiologie, aber da wäre wieder ein Studium erforderlich gewesen.

Mit meinem Beruf bin ich zufrieden, auch wenn das Privatleben oft zu kurz kommt. Ich arbeite im Schichtrhythmus. Innerhalb von fünf Wochen habe ich zwei Wochenenden frei. Dadurch, daß mein Freund ebenfalls beim BGS arbeitet und zudem noch in einer anderen Schicht, haben wir nicht immer die Zeit füreinander, wie wir uns das wünschen würden. Im Schichtdienst muß man sich regelmäßig umstellen können, von Frühschicht auf Nachtschicht und so weiter. Da kommt man öfter mit dem Wochentagen durcheinander. Leider werden die Dienstpläne von Beschäftigten ausgearbeitet, die selbst nicht im Schichtdienst arbeiten. Aber man gewöhnt sich an alles.

Wenn ich mir meine Zukunft vorstelle, wird sich wohl in den nächsten Jahren nicht viel verändern. Mein größter Wunsch wäre es, in Potsdam zu arbeiten. Zu hoffen ist, daß dem Bundesgrenzschutz noch mehr Befugnisse zugesprochen werden. Vielleicht wird ja selbst der Bahnhof Frankfurt (Oder) noch ein Weltbahnhof. Na ja, wohl eher nicht.

# »Am besten geht's mir, wenn ich immer den Kirchturm von Tribsees sehe«

Olaf Winter aus Tribsees
(Mecklenburg-Vorpommern), Tischler

Fast alle erzählen, daß sie bei der Jugendweihe das erste Mal so richtig schön besoffen gewesen sind. Bei uns war das nicht so. Wir Jugendlichen haben abends auf dem Schulhof gefeiert, es war auch ziemlich lustig, aber über die Stränge geschlagen hat niemand. Die Jugendweihefeier hatte im »Volkspark« stattgefunden, nach der Wende wurde daraus eine Diskothek. Die haben sie jetzt angesteckt, hat wohl irgendwem nicht gefallen. Das Vorgebäude ist komplett abgebrannt. Für uns war die Disko ideal gewesen, man brauchte nicht zu fahren und konnte etwas trinken. Jetzt müssen wir zur Disko bis nach Barth fahren, 25 Kilometer. Die Rede zur Jugendweihe hatte übrigens einer von der SED-Kreisleitung gehalten, er ist heute Chef von der vorpommerschen Raiffeisenbank.

Am ersten Tag danach haben die Lehrer gefragt, ob sie uns siezen sollen. Aber das war uns zu doof. Das ist wie auf der Arbeit. Der Meister möchte auch, daß wir uns von den Lehrlingen siezen lassen, und ich kenne viele Firmen, in denen das üblich ist. Bei uns ist das jedenfalls nicht so.

Ich bin Geselle. Ob ich einmal den Meister machen werde, weiß ich noch nicht. Das kostet 20 000 DM und dauert. Man kann natürlich Glück haben, und der Chef sagt: Ich brauche einen Meister, komm, wir teilen uns die ganze Sache, ich die Hälfte, du die Hälfte. Aber das ist ja nur das eine. Wenn ich sehe, was mein Chef für einen Streß hat! Er hatte schon zwei Kreislaufzusammenbrüche. Mittlerweile haben wir in der Tischlerei 15 Festangestellte, dazu noch Praktikanten vom Berufsbildungszentrum. Also mir wäre das zuviel. Kein Feierabend, kein Wochenende. Wir erweitern immer mehr. Ab und zu muß einer zum Lehrgang gehen, um irgend etwas Neues zu lernen und darüber ein Zertifikat zu bekommen. Je mehr man bauen kann, um so besser ist es. Der Markt wird ja immer enger. Mein Chef möchte stets so viele Aufträge haben, daß alle Arbeit haben und er niemanden über den Winter nach Hause schicken muß. Am meisten haben wir vor Weihnachten zu tun, weil die Leute im Sommer bauen und zu Weihnachten einziehen wollen. Die Flaute kommt dann im Februar, März, April. In dieser Zeit kann man kürzer treten. Weil aber vor Weihnachten immer viele Überstunden zusammenkommen, kann der Meister sagen: So, nun bummele mal deine Überstunden ab. Bisher jedenfalls ist es noch so, daß alle beschäftigt werden können, die beschäftigt werden müssen, und für den Meister gibt es kaum Feierabend. Für uns oft auch nicht.

Mir macht der Beruf ungeheuer Spaß. Es darf nur keiner hinter mir stehen und Druck machen, das muß, das muß ... Und ich hasse Großbaustellen, wo zehn Gewerke auf einem Haufen hocken. Am liebsten ist es mir, wenn auf einer Baustelle nur zwei Gewerke sind. Ich arbeite gerade in einem kleinen Dorf, nicht weit von hier. Da wohnen vielleicht 40 Leute. Das ist schön ruhig, herrlich! Wir machen den kompletten Ausbau in einem Haus, das früher einmal eine Scheune war. Trockenbau, oben, unten, alles.

In unserer Firma arbeiten vier Mann fest in der Werkstatt. Drei bauen Fenster, einer baut Treppen und Haustüren. Manchmal, das kommt auf die Aufträge an, bleibt einer von uns in der Werkstatt und baut mit. Ich habe allerdings seit meinem Gesellenstück keine Haustür mehr gebaut, ich war immer unterwegs auf Montage. Auch in Berlin waren wir schon. Die Entfernungen werden immer größer. Rostock, Wismar – das wird kommen, denke ich, daß wir noch weiter fahren müssen. Denn irgendwann ist der Markt auch hier auch mal zu. Tischlereien gibt es mehr als genug.

Während meiner Lehrzeit hatte man für alles noch ein bißchen mehr Ruhe. Für mein Gesellenstück hätte ich mir 40 Stunden Zeit nehmen können, doch ich habe die Tür in 12 Stunden gebaut. Fünf Monate vorher reicht man bei der Innung die Zeichnung ein, wie das Gesellenstück aussehen soll, und gibt an, aus welchem Holz es gebaut wird. Dann wird geguckt und genehmigt, und dann geht's los. Vorher wird einem noch ein »Sicht-Meister« zugeteilt, der die Arbeit ab und zu kontrolliert. Dein eigener Meister könnte ja zu einem Gesellen sagen: Los, bau' mal für den Lehrling schnell die Tür. Ich schick' den statt dessen auf die Baustelle. Was man baut, ist eigentlich jedem selbst überlassen: Schrank, Schreibtisch, Tür. Die Gesellenstücke werden anschließend ausgestellt. Die unseres Jahrganges standen im Bildungszentrum von Ribnitz-Damgarten. Ein Jahr zuvor hatte man sich noch neben sein Gesellenstück stellen müssen, und es wurden einem Fragen gestellt. Das gab es bei uns zum Glück nicht mehr. Davor hätte ich auch ein bißchen Horror gehabt. Meine Tür ist jetzt unsere Haustür.

Ich habe drei Jahre gelernt. Manche glauben ja, das sei zu lang, aber das kann ich nicht finden. Wenn ich unsere Lehrlinge sehe, würde ich sagen, dreieinhalb Jahre wären sogar noch besser. Die Lehrlinge kommen ja kaum dazu, in der Werkstatt etwas zu bauen. Sie müssen auf der Baustelle mit anfassen, und da lernen sie gerade beim Trockenbau auch sehr viel. Doch wie man Türen und Fenster baut, kriegen sie dabei kaum mit. Das ist eben der Leistungsdruck in der Firma.

Begonnen hatte ich meine Lehre in einer anderen Tischlerei. Die Chefin hatte sie von ihrem Vater übernommen. Sie wollte das aber eher nebenbei machen und lieber mit ihrer Freundin durch die Gegend fahren. In nur zwei Jahren hatte sie es dann geschafft, die Firma in den Sand zu setzen. Weil ich aber schon anderthalb Jahre gelernt hatte, mußte sie mir eine andere Lehrstelle suchen. So bin ich zu meiner jetzigen Firma gekommen.

Die Gesellen hat mein Chef damals auch übernommen. Die Lehre hat mir jedenfalls großen Spaß gemacht. Von Montag bis Mittwoch ging es zur Arbeit, Donnerstag und Freitag war Berufsschule. Dadurch ging die Woche natürlich schnell herum. Wenn wir allerdings an einem Tag weniger als fünf Stunden Unterricht hatten, mußten wir anschließend noch zur Arbeit fahren. Bringt euch Arbeitsklamotten mit, hieß es dann schon vorher.

Unsere Löhne sind nicht sehr hoch. Mein Schwager ist Maler im Westen, sie nennen sich dort Colourdesigner. Wenn ich von dem höre, was die Tischler drüben verdienen! Das ist fast das Doppelte von dem, was wir hier bekommen. Bei mir sind es 13,50 DM die Stunde. Aber der Markt gibt es eben nicht anders her. Ich kenne sämtliche Firmen hier in der Nähe, man trifft sich ja auf den Baustellen, bei denen verdient keiner in meinem Alter mehr. Dabei kann ich sogar noch froh sein. Aus meiner Klasse sind viele arbeitslos, und diejenigen, die Arbeit haben, verdienen oft noch weniger als ich. Von den Mädels aus meiner Klasse sind fast alle zur Lehre in den Westen gegangen. Die Jungs dagegen sind meistens hiergeblieben. Ich hätte damals wohl auch nicht den Mut gehabt, gleich nach der Schule irgendwohin zu toben, wo ich keinen Menschen kenne. Die zur EOS gegangen sind, die studieren noch. Ich hätte wohl auch das Zeug dazu gehabt, aber ich hatte absolut keine Lust. Ich wollte ein Handwerk lernen, ein Handwerk, das mit Holz zu tun hatte. Schule war nicht mein Ding.

In der 6. Klasse war ich einmal sechs Wochen in der Pionierrepublik in der Schorfheide. Es war das erste Mal, daß ich so lange allein von zu Hause weg war und niemanden kannte. Das war nicht mein Fall. Und dann noch die viele Schule, schrecklich!

Algerien war besser. Es hieß damals, sechs Pioniere aus dem Kreis Stralsund-Land, der war wohl an der Reihe, können nach Algerien fahren. Da die guten Pioniere immer die Mädchen waren, war die Pionierleiterin froh, daß sie endlich mal einen Jungen hatte, der ein guter Pionier war. Es war ein Feriencamp mit Schülern

*Jugendweihe, 1989*

aus verschiedenen Ländern. Jeden Abend war Programm,
und die Teilnehmer zeigten, was so typisch war für ihr
Land. Was typisch für die DDR gewesen war, das weiß
ich nicht mehr. Das ist so lange her. Es war irgend etwas
mit Pionierliedern. Algerien war echt schön, der Strand,
das Meer, hohe Wellen, Hai-Alarm. Das einzige, das mich

gestört hat, war das Essen, weil alles mit Olivenöl gebraten wurde. Ich hatte Schwierigkeiten, immer satt zu werden. Aber dafür gab es Coca-Cola.

Mutter sagt immer, das Abitur hätte ich machen sollen. Sie ist Lehrerin. Ich habe es auch nur einmal bereut: Ich wäre beim Bund sehr gern Hubschrauberpilot geworden. Den Test hatte ich bereits mit Bravour bestanden, bis sie mich fragten: Und, Abitur? Nee, mußte ich sagen. Sieht schlecht aus, hieß es dann. Das war natürlich was für Mutter. Hab' ich dir doch gleich gesagt, meinte sie. Als Hubschrauberpilot hätte ich mich für acht Jahre verpflichtet und wäre anschließend zum Rettungsdienst gegangen. Ich wäre auch zur NATO gegangen, zu den Kampffliegern. Das ist zwar ein gefährlicher Job, aber darauf hätte ich richtig Lust gehabt. Fliegen, das wäre meine Welt gewesen.

Aber beim Bund war es trotzdem gut. Ich wollte nie zum Zivildienst. Kurz vor meiner Zeit wurde die Wehrpflicht auf zehn Monate verkürzt. Ich habe mich wirklich darauf gefreut, obwohl ich ja vorher schon fast ein Jahr gearbeitet hatte und auf einmal auf den Sold heruntersteigen mußte. Das war schon ein Problem. Stationiert war ich in Flensburg, doch ich bin unheimlich viel herumgekommen. Wir waren auf allen möglichen Truppenübungsplätzen, zum NATO-Manöver auf Korsika und in Kanada, in vier Meter hohem Schnee, das war Teil der Ausbildung. Ich war Scharfschütze, und ich konnte auch alles fahren, was der Bund überhaupt hatte, selbst Schwerlasttransporter, mit Panzern beladen. Ich wäre auch für vier Monate nach Bosnien gegangen, schon wegen des Geldes. Aus meiner Einheit sind viele dorthin gegangen. Aber Katrin, meine Freundin, war dagegen.

Wir sind seit fünf Jahren zusammen und haben einen kleinen Sohn. Im kommenden Jahr wollen wir heiraten. Katrin arbeitet auf der Sozialstation der AWO. Sie hat gerade wieder mit der Arbeit angefangen, nachdem das Babyjahr von Eric herum war. Jetzt arbeitet sie 19 Stunden in der Woche. Während des Babyjahres war es finanziell sehr eng, und ohne unsere Eltern hätten wir ziemlich dumm dagestanden. Wir wohnen zusammen mit meinen Eltern und meinem Onkel in dem Haus, das meiner Oma gehört, und haben uns dort das Dachgeschoß ausgebaut. Bis auf Dach und Heizung haben wir alles selbst gemacht, dabei haben uns viele Leute geholfen, die ich vor allem vom Fußballverein in Tribsees kenne. Wir spielen Bezirksliga. Als Lehrling habe ich in einer höheren Klasse gespielt. Damals hatte ich sogar die Chance, zu Hansa zu gehen. Dann mußte ich mich entscheiden, Lehre oder Fußball. Damals dachte ich: Erst mal den Beruf, das ist wichtiger. Wenn du beim Fußball nicht durchkommst und stehst ohne Lehre da, das ist ein bißchen dumm. Und jetzt? Ich muß sonnabends vormittags meist arbeiten. Wenn ich dann noch zum Fußball tobe, bleibt gerade der Sonntag für die Familie. Das ist mir zu wenig. Nun spiele ich in Tribsees. Wir tauschen untereinander immer die Positionen, Rotationssystem, wie es die Bayern halt auch machen. Das ist alles nicht so verbissen. Mecklenburg eben. Nicht nur beim Fußball. Man kann ja warten und gucken, ob die anderen etwas verkehrt machen.

Beim Fußball merken wir ganz deutlich, wie viele weggegangen sind. Wir haben keinen Nachwuchs. Gerade aus der A-Jugend, den Jahrgängen, die eine Lehre beginnen, verlassen viele die Gegend. Die meisten gehen nach Lübeck, Hamburg und Kiel, ein Teil auch nach Berlin. Was sollen sie auch hier? Sie sehen für sich hier keine Zukunft. Ich hatte auch mal überlegt, in den Westen zu gehen. Aber Katrin wollte nicht.

Als die Mauer fiel, haben wir zu Hause gesessen. Ein Kumpel von mir war gerade bei seinen Verwandten in Berlin. Der hat mich angerufen. Er wollte unbedingt einer der ersten sein, die drüben waren. Das hat er wohl geschafft. Man wußte zuerst ja gar nicht, was das bedeutete: Mauerfall. Was konnte man jetzt alles machen? Wir haben natürlich daran gedacht, daß wir nun endlich zu unseren Verwandten nach Hamburg fahren können. Meine Mutter war vorher schon zweimal dort gewesen und hat uns ewig vorgeschwärmt, wie toll das dort war.

Wir waren schon sehr froh, und wir haben uns auch auf das Begrüßungsgeld gefreut. Mutter sagte, überlegt euch, was ihr damit macht. Ich habe mir Turnschuhe gekauft, Adidas. In der DDR, das kannte man ja, gab es zwei Sorten. Entweder nahmst du die eine oder die andere. Dort nun standen Hunderte Paare. Ich habe mir Knöchelturnschuhe ausgesucht und habe sie gehegt und gepflegt. Man hätte sie vielleicht aufheben sollen. Traurig fand ich es, wie die Leute ihre alten Omas, die kaum noch gehen konnten, mitgeschleppt haben, um die hundert Mark abzuholen.

Der erste Besuch in Hamburg war wirklich toll. Wie die Leute dort standen und die Apfelsinen verschenkt haben. Heute weiß man ja, daß das von Aldi war. Aber wir waren froh, das alles einmal essen zu können, Bananen bis zum Abwinken. Meine Mutter erzählt uns immer wieder, wie wir vor den Schaufenstern gestanden haben. Besonders bei den Autos sind mir natürlich die Augen übergegangen.

Damals haben wir eben alles noch rosarot gesehen und geglaubt, jetzt werden wir alle glücklich und bekommen endlich solche Verhältnisse, wie sie drüben waren. Allmählich haben wir gemerkt, daß vieles doch nicht so schön geworden ist, wie man es vorher gesagt hatte.

Gerade mit unseren LPG. Als die den Bach hinuntergingen, wußte niemand mehr, wie es weitergehen sollte. Besonders die Älteren. Sie hatten ja nie was anderes gelernt. Das einzige, was sie konnten, war wahrscheinlich Treckerfahren. Die meisten sind nach der Wende entweder Frührentner geworden oder haben versucht, sich irgendwie durchzuschlagen. Nur einige hatten den Mut, sich als Bauern wieder selbständig zu machen. Katrins Vater arbeitet in einem großen Kuhstall. Der gehört einem Wessi, der gleich nach der Wende hergekommen ist. Es hatte keine vier Wochen gedauert, da war der schon hier. Für Katrins Vater war das gut: Er wurde nie arbeitslos und konnte gleich weitermachen. Aber sonst – man sieht es ja. Überall auf den Dörfern sind die LPG verschwunden. Es stehen nur noch Ruinen. Mit den großen

Hallen kann keiner etwas anfangen. Junge Leute, die in die Landwirtschaft gehen, gibt es kaum noch, es sei denn, die Eltern haben einen Hof, und sie können dort mitarbeiten. Große Betriebe gibt es bei uns nicht. Was kann man also noch werden, wenn man hierbleiben will? Für Mädchen bleibt nur eine Arbeit im Krankenhaus oder in einer der vielen Reha-Kliniken an der Ostsee. Und für uns Jungen bleibt eben das Handwerk. Jetzt gibt es die Hoffnung, daß sich vielleicht etwas verändert, wenn die Autobahn A 20 gebaut ist. Die führt ja direkt bei uns an der Haustür vorbei. Wir hoffen alle sehr, daß sie schnell fertig wird. Als es damals um das Teilstück bei Jarmen ging, bei dem irgendwelche Grünen Einwände hatten, habe ich die Diskussion im Fernsehen verfolgt. Da wurden die Autobahngegner gefragt: Wie sind Sie denn hergekommen, mit der Bahn? Nein, mußten sie sagen, mit dem Auto, über die A 19. Ja, was diskutieren Sie dann gegen die Autobahn? Sie selbst benutzen sie, sind aber dagegen, daß die A 20 gebaut werden soll? Diese Abfuhr hat mir gefallen. Aber ob die Autobahn eine Veränderung bringt? Hier ist ja nichts. Wer hier nichts im Handwerk findet, der hat es schwer.

Ich möchte von hier nicht wegziehen. Wenn ich es jedoch müßte, würde ich auf gar keinen Fall in einer Großstadt leben wollen. Diese Leute, diese Hektik! Ich würde höchstens in ein Städtchen ziehen. Aber am besten geht's mir, wenn ich immer den Kirchturm von Tribsees sehe, sagt meine Mutter jedenfalls.

# »Klappern gehört eben zum Handwerk«

Sandra Zöller aus Erfurt (Thüringen),
Friseurmeisterin

Ich habe hinter die ganze DDR einen großen Haken gemacht. Wäre die Wende nicht gekommen, hätte ich wahrscheinlich lange nicht soviel Spaß an meinem Beruf gehabt wie heute. Friseur wollte ich aber schon immer werden, das war mein Traumberuf. Wir besaßen auch zu DDR-Zeiten einen Friseurladen, und ich war als Kind oft dort und habe zugesehen. Heute haben wir zwei Läden, mein Vater hat unser Hauptgeschäft, dort haben mein Bruder und ich auch gelernt, und mein Bruder arbeitet seit gut sechs Jahren in unserem Geschäft am Anger. Er hat noch zu DDR-Zeiten seinen Meister gemacht, er ist sozusagen einer der letzten »Meister der DDR«. Seine Ausbildung war wesentlich billiger als meine, die immerhin 15 000 DM gekostet hat. Das hat mein Vater »gesponsert«. Die Summe war sogar noch höher, wenn man die ausgefallene Arbeitszeit dazurechnet. Wer seinen Meister macht, fehlt ja ständig im Geschäft. Man muß lernen, welche rechtlichen Bestimmungen es gibt, wie man ein Geschäft führt, wie die Waren bestellt werden und den ganzen Verwaltungskram. Hinzu kommt das Fachliche, praktisch und theoretisch, Kosmetik, Biologie, Chemie, Haarersatz, Perückenherstellung. Man muß auch wissen, wie man 16jährige Lehrlinge auf das Berufsleben vorbereitet. Über alles muß man eine Prüfung ablegen. Bei mir ist es ziemlich glatt gelaufen, außer in der Theorie. Das ist nicht ganz mein Ding. Ich bin ein praktischer Mensch. So habe ich in der Praxis mit Bravour und in der Theorie eben nur einfach bestanden.

Gleich nach der Realschule habe ich im elterlichen Betrieb die Lehre begonnen. Das war kein Problem. Ich wollte dorthin, wo ich die beste Ausbildung bekam, und das war bei meinem Vater. Er hat schon zu DDR-Zeiten als Friseurmeister Lehrlinge ausgebildet. Sicher, es gab schon manchmal ein paar harte Worte und auch Tränen, aber dann war es wieder gut. Mein Vater ist nicht nachtragend, und ich bin es auch nicht. Er ist ein sehr gerechter Mann. Vielleicht hat er gerade von mir mehr verlangt, das kann schon sein. Ich habe aber auch selbst mehr gegeben. Doch was ich insgesamt erreicht habe, das habe ich ganz allein erreicht. Da hat mein Vater keinen Druck gemacht. Anders wäre das auch nicht gegangen. Es ist immer angenehm, wenn er da ist. Ich arbeite zwar die meiste Zeit allein, aber die Verantwortung für den Laden habe ich eben noch nicht. In den nächsten fünf Jahren wird sich das ergeben, weil Vater dann in Rente geht. Das wird langsam ineinander übergehen, sein Ausstieg und mein Einstieg.

Im zweiten Lehrjahr habe ich angefangen, mich an Friseurwettbewerben zu beteiligen, und im dritten Jahr belegte ich beim Lehrlingsfrisieren schon zweite und erste Plätze. Beim CAT, dem Club für Artistik und Technik, habe ich auch eine Akademie besucht. Durch den CAT trifft man viele Leute aus der Branche. Dort gibt es kein Konkurrenzverhalten, sondern kreatives Arbeiten. Man tauscht Tips aus, und das eigentliche Handwerk steht im Mittelpunkt.

Über den CAT bin ich wieder zu den Wettbewerben gekommen. Bei solchen Ausscheiden muß man Dreierlei frisieren: eine Verbraucherfrisur, eine »Hair by night« und eine progressive Frisur. Bei der progressiven geht es darum, besondere Techniken zu erarbeiten und zu zeigen. Solche Frisuren sind natürlich im Alltag nicht tragbar. Es ist damit wie mit der Formel Eins: Die Rennwagen fahren auch nicht auf der Straße, aber die Motortechnik wird weiterentwickelt.

Ich habe auch an den Deutschen Meisterschaften teilgenommen. Thüringer Landesmeisterin bin ich schon. Die Urkunden und Pokale stehen alle im Salon. Man gewinnt ja bei diesen Wettbewerben sonst nichts, da muß

*Jugendweihe, 1989 (Sandra Zöller, Mitte)*

man wenigstens die Pokale vorzeigen. Und natürlich die Zeitungen anrufen, wenn man wieder etwas gewonnen hat. Klappern gehört eben zum Handwerk.

Als ich den Meisterkurs angefangen hatte und die Ausbildung intensiver wurde, habe ich bei den Wettbewerben erst einmal eine Pause gemacht. Inzwischen mußte man dafür auch immer mehr investieren, um gut abzuschneiden. Zuerst braucht man einen Trainer. Also bin ich einmal in der Woche nach Berlin gefahren, zu Hans Jürgen Dzwikowski. Er führt jetzt in der Friedrichstraße einen Schönheitssalon über drei Etagen. So ein Trainer kostet ab 100 DM den halben Tag, aufwärts. Wenn jemand Talent hat, nimmt er nicht soviel wie bei jemandem, der auf Biegen und Brechen gewinnen will und dem es auf das Geld nicht ankommt. Dann war ich häufig in Freiberg, bei Alexander Seidel. Er ist amtierender Deutscher Meister und Weltmeister im Team. Es war auch weniger anstrengend, nach Freiberg zu fahren als nach Berlin. Mein Vater hat mich ja oft gefahren. Dann fällt während der Teilnahme am Wettbewerb einiges an Kosten an: für das Hotel, die Modelle, die Kleidung. Bei den Thüringer Landesmeisterschaften haben wir das

Kleid für das Modell sogar anfertigen lassen. Das Rohmaterial für Haarteile allein kostet 2 000 DM, und man kann noch 1 000 DM drauflegen für die Trainingsstunden, damit das Haarteil perfekt sitzt. Das will alles bezahlt sein. So ein Wettbewerb läßt sich nicht nebenbei machen.

Leider muß man feststellen, daß die Laufstege für solche Meisterschaften leerer geworden sind. Die Bedingungen haben sich geändert. Es wird zuviel Verschiedenes verlangt. Man muß nicht nur an einem Modell arbeiten, sondern teilweise schon an drei Modellen. Die Wettbewerbsgebühren sind gestiegen. Und auch das muß ich sagen: Ich habe immer mehr den Eindruck, daß die Plätze gekauft werden, gerade von Leuten aus den alten Bundesländern, die eben das Geld haben. Der Ossi muß Leistung bringen. Er hat nicht das große Bankkonto und meist auch keinen Sponsor aus einer großen Firma.

Während einige Friseure zu Wettbewerben fahren, haben andere gar keine Arbeit. Einerseits gehen die Leute nicht mehr so häufig zum Friseur, sie machen selbst viel mehr zu Hause. Andererseits gibt es jede Menge Schwarzarbeit, weil viele Friseure auf der Straße stehen und nirgends mehr unterkommen. Die verstehen nur nicht, daß sie auch selbst daran schuld sind. Solange sie die Kunden immer wieder zu Hause bedienen, werden die keinen Salon aufsuchen. Wenn die Kunden dort aber ausbleiben, kann kein Salon auch nur einen Friseur zusätzlich einstellen. In ganz Deutschland ist der Umsatz der Friseure um zehn Prozent gesunken. Am besten wäre es, wenn die Leute dauernd feiern würden. Von Festlichkeiten profitieren wir Friseure, genau wie die Restaurants. Wenn Konfirmation ist, Hochzeit oder Jugendweihe, dann gehen alle zum Friseur – von der Tante bis zur Oma.

Für mich war die Jugendweihe eigentlich nur Mittel zum Zweck. Zu DDR-Zeiten wurde man ja für bestimmte Berufe nicht zugelassen, wenn man nicht in der FDJ war oder nicht an der Jugendweihe teilgenommen hatte. Man wurde sofort ausgegrenzt, wenn man diesen Schrott nicht mitmachte. Ich wollte Friseur werden, wollte auch meinen Meister machen. Und das war unter den Mädchen der begehrteste Beruf. Also habe ich zuerst die Jugendweihe mitgemacht, und Pfingsten war dann meine Konfirmation. Das war die Hauptfeier in unserer Familie. An sich war die Jugendweihe schon aufregend, als wir so auf die Bühne liefen. Was die damals politisch von uns erwarteten, hat sowieso keiner beachtet. Unsere Jugendweihestunden liefen so ab, daß wir Eis essen oder in den Zoo gefahren sind. Kurz vor dem Ende der DDR hat man die Zügel schon etwas locker gelassen. Unser Klassenlehrer unterrichtete Biologie und Chemie und sagte immer: Ich mache hier meinen Unterricht und will keinem eine Meinung aufzwingen. Der Direktor dachte genauso. Unsere Lehrer sind nach der Wende auch alle geblieben. Sie haben stets das getan, was sie gedacht haben, vorher und nachher. Nur der Staatsbürgerkundelehrer war ein richtiger hardliner. Wir hatten ja nur noch ein Jahr Staatsbürgerkunde, dann fiel das Fach dauernd aus, und schließlich wurde daraus Sozialkunde. Er hatte nichts geduldet, keinen Spruch auf dem T-Shirt, keinen Aufkleber auf dem Hefter. So etwas ist gleich auf den Müll geflogen. Er hat die Wende nicht verkraftet und ist in Mühlhausen in der Psychiatrie gelandet. Aber das war wohl der einzige unserer Lehrer, der über das Ende der DDR nicht hinweggekommen ist.

Ich habe als Kind viel Zeit in der Kirche verbracht. Meine Eltern sagten: Wenn du zur Kirche willst, dann mach das. Geh deinen Weg. Es muß in der 3. oder 4. Klasse gewesen sein, als ich durch eine Freundin dazukam, in dem Alter, in dem man bereits sagen kann: Das will ich. In der Gemeinde war ein älterer Pfarrer, nett und offen. Man konnte dort über alles reden, später auch über Sex, wenn jemand ein Problem hatte oder eine Frage. Es wurde nichts totgeschwiegen. Macht den Mund auf und sagt, was euch nicht paßt. Dazu wurden wir erzogen. Wir haben viel unternommen, Veranstaltungen und Ausflüge gemacht, auch mit Leuten aus Amerika oder England. Und die ganze Ost-West-Geschichte wurde dort anders diskutiert. Für die Kirche stand schon immer fest, daß wir zusammengehören.

In der Schule ist das ja ein bißchen anders gelaufen. Ich kann mich daran erinnern, daß man uns in der 1. Klasse erzählte, die bösen Westdeutschen würden kommen und uns alle erschießen, wenn es die Mauer nicht gäbe. Das vergesse ich nie, weil es so hirnrissig war. Wir saßen da und dachten: Gut, daß es die Mauer gibt, da sind wir sicher. Wenn man das nicht schon im Kindergarten eingeprägt bekam, dann in der Schule. Der böse, böse Westen.

Dabei spielte der Westen in unserer Familie schon immer eine Rolle. Meine Mutter fuhr bereits zu DDR-Zeiten ab und zu nach Braunschweig, weil ihr Vater dort lebte. Drei Jahre vor der Wende durfte auch mein Vater zu seiner Cousine, es war wohl eine Hochzeit oder ein runder Geburtstag. Sie erzählten nach ihrer Rückkehr von den Geschäften, davon, was es so gab und wie es im Westen aussah. Später wurde mir dann klar, daß der Westen ganz anders war, als ich ihn mir vorgestellt hatte. Und ganz so wichtig war er mir auch nicht. Denn als Kind ging es einem gut in der DDR. Man konnte zu jeder Arbeitsgemeinschaft gehen, konnte sich überall anmelden, das hat ja fast nichts gekostet. Es gab viele Veranstaltungen von den Pionieren, die nicht schlecht waren, ähnlich wie bei den Pfadfindern, nur daß man mit dem Halstuch losgelaufen ist. Die Pfadfinder haben ja auch ihre Ideologie, zu der sie stehen. Ich habe alles mögliche gemacht: Blockflötenkurs, Chemiekurs, Fischzucht, sehr viel Sportliches: Fußball, Geräteturnen, Eisschnellauf. Das hat alles der Staat bezahlt. Heute fehlt da allerhand. Das müßten die Schulen in die Hand nehmen. Ein Jugendklub kostet ja nicht soviel. In Erfurt entsteht einiges: Kinderklubs, Jugendklubs, aber dahinter steht fast immer die Kirche. Die hat ja auch das Geld.

Was mich am meisten beeindruckt hat, war die Wende und die Zeit davor. Da hat mein Vater mich auch schon allein zu den Treffen gehen lassen. Das war ein so tolles Gefühl, der Domplatz war voller Menschen, die sich Luft machen wollten und sagten: So geht es nicht weiter. Auch an die Lichterketten erinnere ich mich, wie die Menschen über die Krämerbrücke und die Marktstraße gingen. Was da abends los war! Das hat sich von Tag zu Tag gesteigert. Erst waren die Treffen nur wöchentlich, dann jeden Tag. Es wurden immer mehr, die auf die Straße gingen, mit Plakaten und mit Kerzen in der Hand.

Als die Mauer fiel, saß unsere ganze Familie vor dem Fernseher. Es war Wahnsinn! Mein Vater hat geheult. Wir waren so aufgewühlt, daß wir uns alle in die Arme gefallen sind. Dann haben wir die Fenster aufgerissen und die Musik aufgedreht. Mein Bruder ist gleich am nächsten Morgen zu meinem Opa nach Braunschweig gefahren. Noch zwei Kumpels in den Trabant gepackt, und dann ab. Er hat ewig bis dahin gebraucht, so voll war es überall. Wir sind ein paar Tage später gefahren. Da habe ich auf der westlichen Seite das erste Mal gesehen, wie einfach es sein kann, eine Grenze zu haben: ein Pfahl, sonst nichts. Dann der Westen, die vielen Werbeschilder, wie das eben bei uns jetzt auch ist, die Häuser bunt angestrichen, die Menschen freundlich, in bunterer Kleidung, nicht dieses Graue und Triste wie in der DDR.

Trotzdem waren wir keine so ganz typische DDR-Familie. Von unseren Verwandten bekamen wir schon früher Westgeld und konnten in den Intershops einkaufen. Ich habe auch mit West-Spielzeug gespielt. Zu Weihnachten haben wir uns etwas gewünscht, das wurde dann geschickt. Einiges kannten wir also schon. Mein Kindheitstraum war: eine riesige Kiste mit West-Naschzeug, nur für mich allein. Jetzt will ich davon gar nichts mehr wissen. Klar, daß das besser geschmeckt hat. Bei uns waren es ja nur der reine Kakao, Milch und Zucker. Eigentlich gesünder, ohne die ganze Chemie.

Wir in Erfurt lebten ja mitten in der DDR. Ich denke, schlimmer muß es für die Menschen in Ostberlin gewesen sein, damit klarzukommen, daß da auf einmal Schluß war, eine Mauer. Eine Fahrt nach Berlin war ja damals eine Wahnsinnsreise. Hamburg war gigantisch weit entfernt. Und jetzt? Da fliegt man mal kurz nach London oder Paris, dabei sind das doch eigentlich richtige Reisen.

Aus meiner Klasse sind einige in den Westen gegangen, die meisten aber sind hiergeblieben. Sie haben Berufe gelernt, geheiratet, Kinder bekommen. Ich habe mir inzwischen einen neuen Freundeskreis aufgebaut. Wir sind eine große Clique, Osten und Westen gemischt, in der alle Berufe vertreten sind, vom kleinen Mann, der gar nichts hat, bis zum verwöhnten jungen Mann, von Beruf Sohn. Man sieht sich und trifft sich und geht zusammen aus. Eigentlich muß man sich am Wochenende nur ins »Double B« setzen und warten, daß derjenige vorbeikommt, auf den man gewartet hat.

Viele sagen, es sei hier nicht viel los. Aber es kommt doch darauf an, was man selbst daraus macht. Ich bin Deutsche, ich bin ja in Deutschland geboren. Aber ich bin auch Thüringerin. Vor allem aber bin ich wohl Erfurterin. Ich liebe diese Stadt. Daß ich einmal von hier fortziehe, ist sehr unwahrscheinlich. Die Stadt ist schön, und sie wird immer schöner.

# »Wenn man in Guben bleibt, kann man gleich den Kopf in den Sand stecken«

Ronny Schürzeberg aus Guben (Brandenburg),
Student der Ernährungswissenschaften

Wir haben hier in Guben sage und schreibe 36 Sozialarbeiter, die braucht eigentlich keiner. Als die Geschichte mit Omar Ben Noui passierte, haben sie sich selbst über den grünen Klee gelobt: Hier wird ganz viel für die Jugendlichen getan. Eben von diesen Sozialarbeitern, alle »bestens ausgebildet«, von der Krankenschwester bis zum Gebäudereiniger. Ja, sie geben sich schon Mühe. Aber die Leute springen nicht darauf an. Sag mal einem Siebzehnjährigen: Wir gehen heute basteln. Der zeigt dir doch einen Vogel. So erreichen sie die Leute nicht. Man darf den jungen Leuten auch nicht dauernd über die Schulter gucken, man muß sie selbst etwas machen lassen. Ich hätte es mit dem Sportverein versucht, um an die Jugendlichen heranzukommen. Vielleicht, weil ich früher selbst Leistungssport getrieben habe, Schwimmen. Ich war sogar an der Sportschule in Cottbus. Schule und Training waren umsonst. Nach dem Mauerfall ist aber alles zusammengebrochen, und auf einmal sollten wir 100 DM im Monat bezahlen. Haben oder nicht haben. Mein Vater war im Vorruhestand, da hatten wir das Geld einfach nicht. 1991 bin ich von dort weggegangen.
   Schwimmen hatte ich schon vor der Schule gelernt. Mit meinen Geschwistern war ich immer in der Schwimmhalle, und da fragte mich irgendwann jemand: Hast du nicht Lust, bei uns zu trainieren? Na klar hatte ich Lust, und so bin ich dann mit elf Jahren auf die Sportschule nach Cottbus gekommen. Ich war gut, war sogar dreimal hintereinander Bezirksmeister von Cottbus, 1986

bis 1988. Es ging jeden Morgen gleich früh los: halb sieben aufstehen, Frühstück, danach die erste Trainingseinheit, ungefähr eine Stunde, dann Schule bis eins, zwei, dann wieder zum Training, Krafteinheiten, Dehnungsübungen, wieder Schwimmen, abends noch mal eine kurze Einheit, was lernen. Kurz nach 18.00 Uhr war der Tag vorbei. Da hatte man dann auch keine große Lust mehr, etwas zu unternehmen. Inzwischen haben sie ja begriffen, wie gut das war. Wenn man sich jetzt die großen Fußballvereine ansieht, die übernehmen das Modell von diesen Sportschulen, ziehen sich ihre eigenen Leute heran. Das war ja nicht verkehrt. Rostock hat es gleich gemacht, Bayern macht es jetzt auch. Das ist doch auch Quatsch, wenn die Politiker sagen, es soll jetzt keinen Leistungssport mehr geben, sondern nur noch breiten, öffentlichen Sport. Aber daß sich eine Nation mit ihren Sportlern identifiziert, das ist doch auch wichtig. Das war gut am Osten. Wir hatten auch ein viel besseres Verhältnis untereinander, zu den Kumpels. Wir waren viel draußen. Heute sitzen die Jugendlichen von früh bis spät vor der Play-Station. Das ist doch keine Jugend. Das ist doch bloß noch Kommerz. Wenn ich schon das Spielzeug sehe, diese »Furbys« kosten 100 DM! Das ist alles maßlos. Im Osten bekam man das damals nicht. Und heute? Hast du keine Markenschuhe, gehörst du nicht dazu.

Klar, wurden wir an der Sportschule auch ideologisch geschult. Aber es kam doch darauf an, was man davon glaubte. Man mußte dem Lehrer ja nicht auf die Nase binden, wie man das fand, was er da erzählte. Also hat man das ideologische Zeug auswendig gelernt und vorgetragen, und dann ging alles seinen Gang. Ich war vom Sozialismus nicht begeistert. Das habe ich von meinen Eltern. Mein Vater war konservativ, er hat das sozialistische System abgelehnt und uns das auch deutlich gesagt. Da war immer dieser Druck, dem er ausgesetzt war. Er kam aus Hildesheim, meine Mutter aus Goldberg in Schlesien. Nach dem Krieg haben sie sich wohl auf den Trecks getroffen, hier waren ja die Sammellager für alle, die aus Polen vertrieben wurden. Damals konnte noch keiner absehen, wohin das im Osten mal gehen würde. Mein Vater hat studiert und ist Ingenieur geworden. Um studieren zu können, mußte er in die Partei eintreten, das war Pflicht. Er hat uns das erzählt. Als Anfang der siebziger Jahre das große Chemiefaserwerk gebaut wurde, sind sie nach Guben gekommen. Als Jüngster von acht Geschwistern bin ich der einzige, der hier geboren wurde, in Wilhelm-Pieck-Stadt Guben.

Im Chemiefaserwerk war mein Vater erst BMSR-Ausbilder, dann Schichtleiter. Er hat sein Leben lang gearbeitet. Auf einmal sagten sie: Du wirst nicht mehr gebraucht, geh nach Hause. Da war er 49 Jahre alt. Wie geht ein Mensch damit um? Mein Vater ist alkoholkrank geworden.

Meine Mutter wurde auch arbeitslos. Sie hatte als Köchin in einer Gaststätte mit Diskothek gearbeitet. Zu Ostzeiten war dort immer soviel Betrieb, daß sie im Akkord arbeiten mußten. Aber nach der Wende hat das so ein Glücksritter aus dem Westen übernommen. Er dachte wohl, daß er seinen Reibach machen könnte, indem er die Eintrittspreise extrem erhöhte. Damals hatte aber kaum einer Geld, also blieben die Leute weg. Und meine Mutter wurde entlassen. In ihrem Alter findet sie doch nichts Neues!

Nach der Wende ist es also nicht viel besser geworden. Diese Karawane aus dem Westen, das waren wahrscheinlich alles Leute, die drüben nichts geworden sind. So sind wir in die Arbeitslosigkeit gekommen. Die liegt jetzt hier in Guben bei 23 bis 24 Prozent. Das ist aber bloß die Zahl, die angegeben wird. Eigentlich sind das bestimmt 40 Prozent. Die ABM-Stellen oder die vielen Frauen, die zu Hause sind, müßten auch mitgezählt werden. Die ABM-Leute sind doch bloß Arbeitslose, die eine Art Beschäftigungstherapie machen. Neulich habe ich im Vorbeifahren etwas gesehen, das gibt's wahrscheinlich nur bei uns im Osten: Da haben sie einen Haufen Ziegelsteine einen ganzen Tag lang von einer Seite auf die andere gestapelt. Völlig sinnlos. Man müßte endlich mal Leute an die Spitze der Stadtverwaltung bringen, die von Wirtschaft Ahnung haben, gestandene Geschäftsleute, die wissen, was läuft.

Bei den Landtagswahlen wird die PDS wieder starken Zulauf kriegen, weil es sehr viele Wende-Enttäuschte gibt, meistens Ältere, denen es zu Ostzeiten besserging. Sie bekommt in Guben mehr Stimmen als die SPD. Bei den vorigen Kommunalwahlen hätte sie normalerweise den Bürgermeister gestellt. Der PDS-Kandidat wäre auch besser gewesen, der war wenigstens Ingenieur und hatte Leitungserfahrung. Aber CDU, SPD und die anderen haben sich zusammengeschlossen, um das zu verhindern, und haben den jetzigen Bürgermeister unterstützt. Der kommt von der Kirche, von einem Bürgerbündnis. Na, damit haben sie sich einen großen Gefallen getan! Seit wir den haben, geht alles zugrunde, der wird hoffentlich bald wieder abgewählt. Er hat von den Polen den berühmtesten Orden bekommen. Denn in Gubin haben sie ein Klärwerk gebaut, mit unseren Geldern. Das soll mal einer verstehen. Aber wir haben dafür eine tolle Fußgängerbrücke bekommen. Die braucht bloß keiner, weil an der Brücke nichts steht, nur ein leeres Haus. Von dem Geld hätten sie besser eine richtige Diskothek für die Jugendlichen bauen sollen. Eine moderne Diskothek, das wäre schon etwas. Oder eine andere Geschichte: Die einzige Schule, die Geld hat, ist die Europa-Schule. Die anderen Schulen müssen zusehen, daß sie überhaupt ein Stück Kreide bekommen. Das bißchen EU-Geld sollte man schon für die eigene Stadt ausgeben. Doch ausgerechnet die ehemalige Wilhelm-Pieck-Schule, die richtig günstig mitten im Stadtzentrum liegt und auch ein gutes Einzugsgebiet hat, weil sehr viele junge Leute dort wohnen, soll zugemacht werden. Das versteht hier niemand.

In Guben werden viele junge Leute rechts wählen, das ist doch verständlich. Sie kommen aus der Schule und kriegen keine ordentliche Ausbildung. Klar, man könnte auch links wählen. Aber der Frust ist groß. Und wenn sich was verändern soll, werden sie bestimmt nicht die Partei wählen, die uns das früher alles eingebrockt hat.

Also werden die Leute eher rechts wählen, und wenn es aus Protest ist. Die Kandidaten von der PDS sind zwar gar nicht schlecht, keine Dummies, ein Lehrer ist dabei, ein Selbständiger – eigentlich Menschen, die man wählen könnte. Ich werde das trotzdem nicht tun. Das ist für mich noch immer die gleiche Partei wie damals, die haben sich nur umbenannt, von SED in PDS.

Die DVU wähle ich nicht, weil das eine Ein-Mann-Partei von Gerhard Frey ist. Letztens, bei den Wahlen in Mecklenburg-Vorpommern, haben wir uns über die DVU-Kandidaten halb kaputtgelacht. Im Fernsehen wurde einer gezeigt, der hatte noch ein Honecker-Bild in seinem Zimmer hängen, und auch sonst war er wohl nicht ganz beieinander. In Mecklenburg ist ja vor der Landtagswahl dasselbe abgelaufen, was jetzt hier passiert: Die DVU klebt die ganze Stadt mit Plakaten voll, aber Kandidaten sieht man keine. Sie ist nur eine Spruch-Partei. Die Leute lesen die Sprüche und finden sie gut. »Laß dich nicht zur Sau machen«, »Kriminelle Ausländer raus« – das sind Leitworte, die ziehen. Deshalb wird sie mit ihrer Plakataktion vielleicht tatsächlich fünf Prozent kriegen. Auch wenn man gar keinen von der DVU kennt. In Sachsen-Anhalt hat das gut funktioniert. Als sie hinterher ihre Super-Kandidaten gezeigt haben, war das ziemlich peinlich. Daß die rechten Parteien sich nicht zusammenschließen, liegt an den Interessengegensätzen. Die beißen sich, weil die DVU von Frey soviel Geld hat. Der ist der »Zar« seiner Partei und wird einen Teufel tun, sich anderen unterzuordnen. Und die Republikaner haben ihre besten Zeiten hinter sich, das ist eine Partei in der Auflösung. Sie haben gar keinen zugkräftigen Kandidaten mehr, wie früher Schönhuber.

Ich werde die NPD wählen. Sie wird in Guben, schätze ich mal, drei Prozent erreichen. Dann ist sie gut. Auch der Großteil meiner Freunde wird NPD wählen. Was wir uns davon erhoffen? Man hat es schon damals im Westen gesehen, als die Republikaner aufgekommen sind: Es ändert sich etwas. Die etablierten Parteien merken, daß die Rechten Erfolg haben mit ihrer Politik, also werden sie einfach umschwenken und die Gesetze ändern. So wurde damals durch die Wahlerfolge der Republikaner das Ausländerrecht verschärft. Das gleiche erhoffen wir uns jetzt hier auch. Daß endlich Schluß damit ist, daß alles Geld nach Polen fließt.

In Guben kennen wir den NPD-Kandidaten sogar, der wohnt ganz in der Nähe und ist von Beruf Kaufhausdetektiv. Ich würde solche Arbeit hier nicht machen wollen. Man hat es bei den Dieben immer mit den gleichen zu tun. Da sollte die Politik sich auch mal etwas einfallen lassen. Es heißt zwar immer »unsere Freunde und Nachbarn«, aber die beklauen uns von vorne und hinten. Wenn ein Ladendieb erwischt wird, dann ist es garantiert ein Pole. Das ist nun mal so. Wir haben hier ja nur die Polen. In Berlin hat man es dann vor allem mit Türken zu tun. Man hört, die Ausländer wollen sich integrieren. In Wirklichkeit kontrollieren sie den ganzen Drogenhandel in Deutschland. Das ist einfach alles scheinheilig, was über Ausländer gesagt wird. Und liest man davon, daß irgendwo mal wieder einer Amok gelaufen ist, aus dem Gefängnis abgehauen, dann hat der nicht gerade den deutschesten Namen, und es steht dann irgendwo, ganz klein und versteckt. Das mit dem Omar Ben Noui war in jeder Zeitung Hauptthema. Die Gubener waren schwer enttäuscht über die Medienberichterstattung. Ich war nicht dabei, aber ich kenne viele, die dabei waren, die jetzt auch angeklagt sind, und die sagen einhellig: Wir haben den nicht verfolgt. Sie haben kurz angehalten, etwas gerufen, weil es vorher Streß mit irgendwem gab, und sind weitergefahren. Sie haben ihn gar nicht angefaßt. Später waren sie am Bistro. Das ist einen Kilometer weiter weg. Aber die Medien haben es so dargestellt, als hätten sie den durch ganz Guben gejagt. »Hetzjagd durch die ganze Stadt«, hieß es. Erschlagen, erstochen, weiß der Geier. Dabei war die Scheibe in der Haustür schon kaputt. Da ist doch ein Kumpel vorher durch. Der Ben Noui hat sich beim Durchkriechen die Adern aufgeschnitten. Ein Unglücksfall. Wenn es andersherum passiert wäre, wenn zwei Deutsche von

Schwarzen gejagt worden wären, dann hätte man das bestimmt nicht so hochgespielt. Es wird auch zur Verurteilung kommen, denke ich. Die haben ja gar keine Chance mehr, die Presse hat längst Blut geleckt. Sie sind wegen Landfriedensbruch angeklagt, weil man ihnen fahrlässige Tötung nicht nachweisen kann. Aber bei fahrlässiger Tötung bekommt man oft auch nur geringe Strafen. Es ist ja Mode bei uns im Osten geworden, nach der Diskothek mit noch ein paar Leuten besoffen ins Auto zu steigen. Die fahren dann nicht gerade selten Leute tot. Was passiert den Fahrern? Die kriegen kaum Bewährungsstrafen, und nach einem Jahr haben sie sogar ihren Führerschein wieder. Das ist auch fahrlässige Tötung. Natürlich würde ich für solche Leute harte Strafen fordern. Und im Fall Ben Noui sollte man auch objektiv gucken, wie es war, und nicht vorverurteilen, bloß weil die Leute kurze Haare hatten.

Gäbe es eine richtige Politik, würden solche Dinge nicht passieren. Warum stellt man ein Ausländerheim an den Rand der Stadt und nicht mitten rein? Ich denke schon, daß man Ausländern, die in ihrem Land verfolgt werden, eine gewisse Zeit Schutz gewähren sollte. Danach muß man sie wieder zurückschicken. Aber die gehen ja nicht, die bleiben hier. Und da liegt das Problem. Ich würde mit dem Geld, das ihre Unterbringung in Deutschland kostet, lieber in dem Land, aus dem sie kommen, etwas aufbauen, vielleicht eine Fabrik gründen. In Bosnien geschieht das jetzt. Das im Kosovo aber wird doch alles hochgespielt. In Afrika werden Millionen Leute vertrieben, darum kümmert sich keiner. Jetzt hat man wieder einen Bösen gefunden, den Milošević, genauso wie damals den Hussein: Der ist der Feind, der ist der Teufel. In anderen Ländern geht es doch ganz anders ab. Man braucht sich bloß China anzusehen. Die Politiker fahren zwar ständig dorthin und reden von Menschenrechten, doch ändern wird sich da nichts. Aber den Serben hauen sie die Bomben auf den Kopf. Die Bundeswehreinsätze im Kosovo fand ich völlig verkehrt. Der Kosovo hat zu Serbien gehört. Das wäre doch genauso, als hätten die Sachsen bei uns was gemacht, und wir würden »die Völker der Welt« holen und Bomben draufschmeißen lassen. Und wenn so eine Truppe wie die UCK jetzt die Serben massakriert, ist das doch kein Wunder. Da wird etwas vergolten, und der Haß steigert sich immer mehr. Wie wollen die im Kosovo das ohne Jugoslawien machen, immer von Hilfsflügen leben? Das klingt ein bißchen nach PDS, ich weiß, aber die reden so, weil die Serben ihr ehemaliges »Brudervolk« sind. Im Grunde geht es doch nicht, einen souveränen Staat anzugreifen. Zu solchen Einsätzen würde ich mich wahrscheinlich auch nicht schicken lassen.

Ich will zu den Kampftauchern, nach Kiel. Schwimmtraining hatte ich genug, mein Sport wird mir bei der Bewerbung bestimmt helfen. Die Sportler von hier haben ja einen guten Ruf. Meine Haare sind jetzt auch ein bißchen länger. Ich kann schließlich bei der Bundeswehr nicht mit frisch rasiertem Kopf ankommen. Sicher muß ich aufpassen, was ich im Vorstellungsgespräch sage. Aber eigentlich ist die Bundeswehr dazu da, Deutschland zu schützen. Da kann es doch gar nicht verkehrt sein, wenn man ein bißchen nationaler eingestellt ist. Zuerst muß ich einen dreitägigen Test bestehen. Ich würde mich dann für zwölf Jahre verpflichten. Mal sehen, vielleicht finde ich dort für meine Freundin auch einen besseren Ausbildungsplatz.

Ich bin national oder rechts, wie man es nimmt. Das liegt bestimmt auch an den Erfahrungen mit den Gastarbeitern, die wir hier im Chemiefaserwerk schon immer hatten. Zuerst waren es Vietnamesen, dann Angolaner und Mosambikaner. Das sollten ja unsere liebsten Freunde sein. Im Alltag war es aber ganz anders. Die haben besser verdient als die normalen Arbeiter. Außerdem bekamen sie einen Teil ihres Lohnes in Devisen. Davon haben sie immer gut im Intershop eingekauft. Wir haben direkt neben dem Heim gewohnt. Jeden Abend gab es Krach. Die konnten sich aufführen, wie sie wollten. Wenn wir aber einmal lauter waren, stand sofort der ABV auf der Matte. Jetzt ist Guben eigentlich ruhig geworden, man geht sich aus dem Weg. Mit der Polizei hab' ich kein Problem. Meine Sturm-und-Drang-Zeit ist sowieso vorbei, in der man viel Müll gemacht, sich dauernd geschlagen hat oder besser gesagt: selbst verkloppt wurde. Ich will schon, daß sich hier etwas ändert, aber in eine Partei würde ich deshalb nicht eintreten, selbst in die NPD nicht. Fanatiker kann ich nicht leiden, und außerdem haben viele dort gar keine Ahnung. Letztens habe ich mich amüsiert, als einer von der NPD über sein Wirtschaftsmodell geredet hat, das hätte nie im Leben funktioniert. Deutschland abkapseln, lautete seine Idee, den Agrarstaat fördern, den Bauer und seine Scholle. Das ist doch Quatsch! Globaler Wettbewerb muß schon sein. Ich bin zwar national, doch ich glaube an die Marktwirtschaft. Man muß global denken. Aber man sollte wieder zurückkehren zu qualifizierten deutschen Arbeitern. Bloß aus reiner Profitgier ausländische Arbeiter zu nehmen, weil sie billiger sind, das ist falsch. Das machen aber auch viele Kommunen, weil sie immer das günstigste Angebot nehmen müssen – und beschäftigen dann Subunternehmen mit polnischen Arbeitern. Die Lösung ist doch ganz einfach: Wenn die Gewerkschaften für die deutschen Arbeiter ein bißchen bei den Lohnforderungen heruntergehen, aber dafür die Arbeitsplätze erhalten werden, dann steigert das doch auch die Kaufkraft. Der Staat muß eingreifen. Das mit der Tarifautonomie geht auf Dauer nicht.

Wenn jetzt die Polen in die EU kommen, dann können wir die Region hier zumachen. Wenn der Pole drüben wohnt und hier arbeiten geht, kann er mit einem Stundenlohn von neun oder zehn Mark seine Familie locker ernähren. Der Deutsche kann das nicht, weil er viel höhere Kosten hat. Außerdem werden die Firmen nach Polen gehen. Die Arbeitslosigkeit wird dann hier noch weiter steigen. Da sollte man sich wirklich etwas überlegen. Daß sich die Lebenshaltungskosten in Polen angleichen, das glaube ich nicht. Portugal ist seit 1986 in der EU, und dort lebt man immer noch viel billiger. Der Kulturunterschied zu dem Polen ist mir egal. Mich interessiert nicht, was in dessen Wohnung vorgeht. Wir haben im anderen Viertel mal neben Polen gewohnt. Gut, das war eine sozial schwache Familie. Die haben jeden beklaut. Als ich dort mal zum Geburtstag war, habe ich mich nicht wohlgefühlt. Ich will nicht sagen, daß es bei allen Polen so ist. Aber die habe ich eben so kennengelernt.

Früher konnte einer noch so gut sein, wenn er kein Parteibuch hatte, sah es schlecht aus. Das braucht man jetzt zwar nicht mehr, aber wenn man in Guben bleibt, kann man gleich den Kopf in den Sand stecken. Die Betriebe haben reihenweise Pleite gemacht. Nach der 10. Klasse fing ich zuerst eine Lehre als Elektriker an, die hatte Vater noch besorgt. Bis es die Firma plötzlich nicht mehr gab. Das Arbeitsamt sagte zwar, man würde mich übernehmen, aber die haben sich nie wieder gemeldet. Das einzige, was ich hätte bekommen können, wäre eine überbetriebliche Lehrstelle gewesen. Da wäre ich nach der Lehre ganz sicher gleich wieder arbeitslos gewesen. Also habe ich mich selbst gekümmert und bin ein halbes Jahr später in die 11. Klasse eingestiegen. War kein Problem. Ob nun Ernährungsberater oder Bundeswehr-Offizier, das Abitur brauchte ich sowieso. Dabei müßte ich eigentlich nicht zur Bundeswehr, weil schon zwei meiner Brüder da waren. Aber hier stimmt das Geld einfach vorne und hinten nicht. Das ist bei der Bundeswehr in Ordnung.

Wenn ich was werden will, muß ich mindestens nach Cottbus. Ich habe dort jetzt vier Semester Ernährungswissenschaften studiert. Mit dem Studium kann man bei jeder Firma anfangen, die Nahrungsmittel herstellt. Man führt dann dort chemische Kontrollen durch. Vielleicht kann ich auch bei der Bundeswehr weiterstudieren. Ich will später in den Fitneßbereich, als Ernährungsberater. Darauf gekommen bin ich im Fitneßstudio. Das mache ich seit drei Jahren, vier, fünf Mal in der Woche. Inzwischen ist es auch nicht mehr teuer. 29 DM im Monat, weil ich drei Leute geworben habe. Wer beim Studium immer nur sitzt, der muß sich abends mal so richtig austoben. In dem Bereich sehe ich Chancen. Außerdem wird es gut bezahlt. Wenn man Berlin, Leipzig und Chemnitz mit einem Strich verbindet, ist das zugleich eine Trennlinie. Östlich davon passiert nicht viel. Westlich davon werde ich in ein Fitneßstudio gehen, als Ernährungsberater für Frauen, die ein bißchen rundlich sind. Ich werde das genauso machen wie mein Bruder: in eine Firma einsteigen, mich dort hocharbeiten und irgendwann das Ganze übernehmen. Oder soviel Geld zurücklegen, daß ich selbst ein Studio aufmachen kann. Aber nicht in Guben.

Ich will hier nicht das Licht ausmachen. Hier wird nichts passieren. Andere Städte im Osten, wie Suhl zum Beispiel, sind wunderschön geworden, aber Guben? In unserer Nachbarstadt Forst sieht es besser aus. Zu Ostzeiten haben wir uns immer über Forst lustig gemacht: Was für eine häßliche Stadt. Jetzt haben sie dort einen guten Bürgermeister, und Kreisstadt ist Forst nun auch.

Es müßte hier produzierendes Gewerbe angesiedelt werden. Klar, der Autobahnanschluß ist 30 Kilometer weg, aber die Bundesstraße führt hier entlang. Nur die guten Arbeiter, die fehlen inzwischen. Die sind alle nach der Wende weg. Man hätte gleich etwas machen müssen, jetzt ist es wahrscheinlich zu spät. Guben wird eine Rentnerstadt. Für mich ist das klar: Wenn ich hierbleibe, verbaue ich mir meine Zukunft. Meine Freunde kotzen auch nur noch ab. Guben ist ein Kaff, ein verschlafenes Kaff. Hier sagen sich Fuchs und Hase gute Nacht!

# »Ich kann mir inzwischen auch sehr gut vorstellen, für mich selbst zu arbeiten«

Ulrike Markert aus Berlin, Industriekauffrau, Studentin der Wirtschaftskommunikation

Der einzige politische Mensch in unserer Klasse ist Henriette gewesen. Sie war von der Ballettschule zurück an unsere »normale« POS gekommen und wurde eine Freundin von mir. In der 9. Klasse hat sie richtig aufgedreht und sich auch andauernd mit unserer Direktorin angelegt. Henriette machte Wandzeitungen und redete auf uns ein. Sie wollte uns wachrütteln. Wir aber waren eher mit uns selbst beschäftigt, mit Fragen wie: Guckt er mich an, guckt er mich nicht an. Auch Henriettes Familie war anders. Da wurde darüber geredet, was sich ändern muß in der DDR, und nicht nur geredet, auch gehandelt. Geredet haben wir ja mit Mama auch. Aber ich durfte nicht zu den Treffen in der Gethsemane-Kirche. Meine Mutter sagte, da habe sie Angst um mich.

Ich besuchte die Heinrich-Mann-Schule in der Pasteurstraße. Unsere Direktorin war immer an vorderster Front. Sie hat sich fast überschlagen, damit in unserer Schule ein Abguß vom Ernst-Thälmann-Denkmal aufgestellt werden konnte. Daß wir ausgerechnet im Planetarium Jugendweihe hatten, darum hat sie sich wohl auch bemüht. Das war ganz neu damals, und ich glaube, wir waren die ersten dort. Wir hatten zu der Zeit einen Klassenlehrer, der war mit uns völlig überfordert. Wenn nichts mehr ging, hat er mit einem Riesenschlüsselbund nach uns geworfen, damit wir ruhig waren. Und ausgerechnet der sollte uns zur Jugendweihe begleiten und durch das Programm führen! Er war aufgeregter als wir. Ich war zur Jugendweihe fast die Jüngste in meiner Klasse, noch nicht einmal vierzehn, und ich weiß noch, daß ich schwitzige Hände gehabt habe und diese schreckliche Direktorin auch noch sagte, hach, wunderschön, noch einer mit schwitzigen Händen. Als etwas Besonderes habe ich den Tag aber nicht in Erinnerung. Vielleicht auch, weil ich das schon bei Steffen, meinem älteren Bruder, miterlebt hatte. Wie ich in meinem Tagebuch nachlesen konnte, hat mich zu der Zeit viel mehr ein Typ aus einer Klasse höher beschäftigt, in den ich verliebt war.

Aus unserer Klasse ist schon ein oder zwei Jahre vor den großen Ausreisewellen '89 ein Mädchen in den Westen gegangen, dessen Mutter einen regulären Ausreiseantrag gestellt hatte. Auch ein Freund von Mama ist damals ausgereist, und da haben wir überlegt: Sollen wir jetzt auch unsere Sachen packen und abhauen? Wir haben uns dann aber in der Wohnung umgeguckt und gesagt: Nee, das wollen wir doch jetzt nicht alles zurücklassen. Und dann hat man im Fernsehen die Bilder aus den Auffanglagern gesehen. Dort zu sitzen wäre ja nicht gerade besser gewesen.

Im Herbst '89 war Steffen schon bei der Armee. Ich war viel allein. An den Wochenenden besuchte uns oft Mamas Bekannter und brachte immer irgendwelches Zeug aus dem Westen mit. Ansonsten fand ich den Westen gar nicht so aufregend. Als ich mit Henriette drüben war, haben wir gesehen: Das sind ja die gleichen Bürgersteige wie bei uns, das sind die gleichen Pflastersteine! Es war fast ein bißchen enttäuschend.

Für die Lehrer an der Schule war natürlich auf einmal alles anders. Viele von ihnen hatten eine völlige Krise. Einige sind einfach nicht mehr zum Unterricht erschienen und ließen sich lieber krank schreiben. Staatsbürgerkunde gab es auch ziemlich schnell nicht mehr. Opportunisten unter den Lehrern habe ich aber nicht erlebt. Meine Klassenlehrerin hatte auch vorher schon gesagt, daß das nicht mehr lange laufen würde mit der DDR. Aber richtig »politisch« haben wir nicht darüber gesprochen. Statt dessen haben wir Klassenfahrten organisiert, viel gemacht, um ein bißchen Spaß zu haben.

*Jugendweihe, 1988*

Nach der Wende hörte alles einfach auf. Und war sehr
schnell vergessen. Wandzeitungen mußten nicht mehr
gemacht werden. Der Agitator, der montags morgens in
den politischen fünf Minuten die Ereignisse zusammen-
gefaßt hatte – abgeschafft. Auch Wehrerziehung war vorbei. Die hatte es ja für uns noch gegeben. In diesen zwei
Wochen ist dafür der Unterricht ganz offiziell ausgefallen. Die Jungs sind in der 9. Klasse ins Lager gefahren,
und wir sind in diesen Uniformen, diesen Wehrsachen,

um die Schule herummarschiert. Ausgerechnet unser Bio- und Chemielehrer, der sich schon einen abgelacht hat, wenn er erzählen sollte, wie Blumen bestäubt werden, der sollte dann mit uns Erste Hilfe und Wehrverteidigung üben. Der arme Kerl wußte überhaupt nicht, was er mit uns machen sollte. Wir sind durch die Keller in unserer Schule getobt: So, also hier verstecken wir uns, wenn die Atombombe fällt. Total albern und richtig ätzend. Wir hatten auch keine Lust, im Gleichschritt durch die Straßen zu marschieren und ein lustiges Liedchen anzustimmen. Also haben wir einfach nicht mehr gesungen. Aber die Wehrerziehung gehörte eben dazu. Daß es sie auf einmal nicht mehr gab, daran hat man gesehen, daß sich das ganze Schulsystem geändert hatte, einfach alles.

Die Vorauswahl, wer zur Oberschule gehen würde, war noch vor der Wende getroffen worden. Da hatte es ein großes Theater um Henriette gegeben. Vier Schüler durften zur Oberschule. Henriette war zwar genausogut wie wir anderen, aber sie war eben auf eine Weise politisch aktiv gewesen, die der Schule nicht gefallen hat. So hieß es dann: Nein, du nicht. Henriettes Mutter versuchte noch, die Zulassung über eine Eingabe zu erreichen, aber da hat sich dann unsere Direktorin davorgestellt. Es ist bei dieser Auswahl geblieben.

Mama hatte damals noch den Spleen, mich auf ein »richtiges« Gymnasium in Westberlin zu schicken. Das hätte sich aber noch hingezogen, und ich war dann sehr froh, daß ich an die Kollwitz-Schule kam. Meine Klasse dort habe ich in total guter Erinnerung. Zum Teil wurden wir noch im Klassenverband, zum Teil schon in Kursen unterrichtet. Grundkurs, Leistungskurs, Ergänzungsfach. Ich lernte Französisch als Leistungsfach. Da hatte ich noch meine französische Phase. Seit ich vierzehn war, wollte ich Französischlehrerin werden. Mein Opa, der als Außenhändler viel in der Welt herumgekommen war, sagte auch: Ja, lern' du mal Französisch. Es ist gut, wenn man etwas kann, was die anderen nicht können. Englisch kannst du immer noch lernen. Als ich dann das erste Mal in der Provence war, mußte ich leider feststellen, daß meine Französischkenntnisse ziemlich lückenhaft waren. Man hatte ja in der Schule nur gelernt, wie man sich in der Gruppe verhält, hat über Sport, Hobbys und Schule geredet. So etwas Alltägliches wie »Das Gepäck ist nicht da« konnte ich nicht sagen. Das hab' ich natürlich deutlich gemerkt – als eben das Gepäck nicht da war. Ich habe aber weiter Französisch gelernt, auch nach der EOS, bin immer ins französische Kulturinstitut gerannt und habe dort ein Aufbaustudium gemacht. Inzwischen ist das sehr in den Hintergrund geraten. Ich mache ja nur noch Englisch. Das ist in meiner Branche einfach wichtiger.

Nach dem Abitur hatte ich mich für ein Jurastudium beworben. Dort bin ich auf einem der hinteren Plätze gelandet, wegen des Numerus clausus. Warten wollte ich nicht, und für eine Lehre war es schon zu spät, da hätte ich mich früher bewerben müssen. So hatte ich dann nach dem Abitur ein Jahr Zeit. Ich habe gejobbt, als Verkäuferin, als Zimmerfrau, und habe meine Fahrprüfung gemacht. Dem Arbeitsamt hatte ich gemeldet, daß ich dann und dann das Abitur gemacht habe und eine Lehrstelle suche. Die schickten mich dann zu Coca-Cola.

Coca-Cola hatte zu der Zeit gerade die neue Zentrale in Berlin-Hohenschönhausen bezogen, und dort sollte auch ausgebildet werden. Ich bewarb mich also um eine Lehre als Industriekauffrau und bin mit etwa 25 Mitbewerbern zu einem Auswahlverfahren eingeladen worden. Ich habe das alles als sehr lustig in Erinnerung. In den Tests mußte man seinen Nachbarn vorstellen, nachdem man sich nur fünf Minuten mit ihm unterhalten hatte. Man sollte auch spontan über einen Gegenstand reden, den man vorher aus einer Kiste geholt hatte. Ich erwischte einen Tesastreifen zum Abreißen, den habe ich den Leuten von der Auswahlkommission zwei Minuten lang verkaufen oder beschreiben müssen. Die saßen da und haben sich einen abgegrinst. Wirklich, ich habe echt Glück gehabt mit Coca-Cola. Ich habe mich aber auch von Anfang an dort wohlgefühlt, schon bei diesem Test. Und das haben sie vielleicht gemerkt. Vielleicht lag es auch daran, daß ich schon vorher Tests gemacht hatte, so war ich ganz gelöst. Ich war bei Siemens, weil ich gesehen habe, mein Bruder war bei Siemens nicht unglücklich, im Gegenteil, der hatte da richtig viel Spaß. Ich war bei Höchst, die hatten aber seitenlange Fragebögen und fragten nach Dingen, die ich zu dieser Zeit noch gar nicht wußte. Wer war der erste Bundeskanzler und so. Ich konnte immer nur raten. Das gehörte zum Allgemeinwissen einer Gesellschaft, in der ich nicht gelebt hatte. Na ja, irgendwann wußte ich es dann.

Beinahe wäre ich auch in ein Hotel nach Heidelberg gegangen. Den Vertrag hatte ich schon unterschrieben, ihn in der letzten Sekunde aber zurückgezogen, weil ich merkte, das ist nicht das Richtige. Außerdem wollte ich nicht von meinem Freund weg. Mir wäre wahrscheinlich auch ziemlich schnell etwas anderes aufgestoßen, dieses: Haben Sie noch einen Wunsch? Wenn ich Ihnen noch etwas bringen darf?

Und dann die BfA. Da hat sich meine Oma schon die Hände gerieben: der Enkel bei Siemens, Spitzenfirma, die Enkelin bei der Rentenversicherung, prima. Jetzt wird was aus ihnen. Sie war völlig fassungslos, als ich dort aufgehört habe. Die Arbeit war total langweilig. Aber das ist doch so ein sicherer Job und so eine schöne Vergütung, sagte meine Oma. Daß mich das nicht interessierte, konnte sie nicht verstehen. Es war wirklich schrecklich dort, diese vielen Gänge, Türen und diese Rangordnung. Der Chef sitzt am Fenster, und wenn man Praktikant ist, sitzt man eben mehr im Dunkeln. Man steigt ins Helle auf.

Bei Coca-Cola war alles ganz anders. Wir vier Lehrlinge waren der erste Ausbildungsjahrgang und hatten einen richtigen Sonderstatus. Wir konnten uns überall mit dazusetzen, die Angestellten haben ganz freimütig erzählt, was sie so machen. Bei Coca-Cola waren zu der Zeit viele aus dem Westen, die hier Aufbauarbeit geleistet haben. Die Zeit dort war wie im Fluge vorbei: drei

Tage arbeiten, zwei Tage Schule. Ich hätte mir durchaus vorstellen können, dort zu bleiben, wenn auch nicht in der Buchhaltung. Aber ich wollte noch studieren. Mit meinem Studium könnte ich sicherlich in der PR-Abteilung arbeiten, das Problem ist nur, dort hineinzukommen. Doch erst einmal muß ich mit dem Studium fertig sein. In den Semesterferien jobbe ich aber immer noch dort.

Alle wundern sich, daß ich mit meinem Bruder zusammen studiere. Ich wollte schon an eine Uni oder Fachhochschule, aber es sollte nicht unbedingt Betriebswirtschaftslehre sein. Von einer Praktikantin, die bei Coca-Cola im Marketing war, hatte ich gehört, daß es an der FHTW einen neuen Studiengang gab: Wirtschaftskommunikation. Sie brachte mir die Unterlagen mit, und ich bin zur Studienberatung gegangen. Das interessierte mich, das war genau das, was ich machen wollte. Steffen hat sich das auch durchgelesen. Mit seinem Italienisch und Englisch meinte er sowieso nicht mehr weit kommen zu können. Außerdem hat er zu dem Zeitpunkt ohnehin mehr in der Kneipe gearbeitet als studiert. Deswegen sagte er: Das mache ich auch. Ja, und dann sind wir beide abgelehnt worden. Meine Mutter bekam von einer Kollegin den Tip, daß man sich auch einklagen kann. Steffen und ich sind gleich zum Verwaltungsgericht gedackelt, haben einen Vordruck ausgefüllt, und dann warteten wir. Das war eine schwierige Zeit, vielleicht die einzige schwierige Zeit in den vergangenen Jahren: Kein Studienplatz, und bei Coca-Cola hatte ich bereits gekündigt. Nach einer Weile kam das Vergleichsangebot: Sie geben uns einen Studienplatz, wenn wir unsere Klage zurückziehen. So läuft das. An der Fachhochschule in Karlshorst waren wir dann doppelt so viele Studenten wie vorgesehen. Es hatten sich offenbar sehr viele eingeklagt. Zwischenzeitlich sind wir sogar in zwei Züge aufgeteilt worden.

Ab und zu reden wir darüber, wie es wäre, später in Mamas Firma zu arbeiten. Sie gestaltet als freie Grafikerin Anzeigen, Werbebroschüren, Zeitschriften. Im Moment ist das noch ein bißchen fern. Aber generell wäre es Schwachsinn, so eine Firma aufzugeben. Ich kann mir inzwischen auch sehr gut vorstellen, für mich selbst zu arbeiten, auf eigene Rechnung, mit ein paar Leuten zusammen. Das hat sich bei mir sehr geändert. Ich fand es damals schrecklich, als meine Mutter nach der Wende kündigte und sich selbständig machte. Da hatte ich regelrecht Panik. Heute ist das ein richtiges kleines Unternehmen. Aber für eine eigene Firma haben Steffen und ich noch nicht genug Erfahrung. Wir müßten auf jeden Fall noch ein Jahr oder zwei woanders arbeiten, etwas aufnehmen, etwas lernen.

Wir sind jetzt im sechsten Semester. Wenn ich Glück habe, bin ich das nächste halbe Jahr zum Praktikum in London. Dafür habe ich mich allein beworben, ohne Steffen. Der sagt, er hat keine Zeit mehr, er muß endlich mal fertig werden. Mein Englisch ist inzwischen auch gut. Weil es im Abi damals nicht mehr angeboten wurde, hab' ich es mir zuerst recht und schlecht auf der Volkshochschule beigebracht, dann hatte ich Handelskorrespondenz in der Berufsausbildung, und während des Studiums habe ich auch immer nebenbei Englisch gemacht. Jetzt mache ich gerade einen Abschluß mit Zertifikat.

Bei mir hatte sich das mit dem Ausland bisher ja immer nicht so ergeben. Ich wäre gern nach dem Abitur nach Frankreich gegangen, als Au-pair. Das habe ich nicht gemacht, weil ich einen Freund hatte. Dann wäre ich gern zum Praktikum ins Ausland gegangen. Das habe ich nicht gemacht, weil ich einen Freund hatte. Und jetzt habe ich auch einen Freund, gehe aber trotzdem nach London. Ich hoffe, das klappt auch. Praktikumsplätze sind schwer zu bekommen, man kann dafür wenig tun, man kann sich nur bewerben und warten – und man muß Geld haben, denn eine Bezahlung gibt es dafür meistens nicht.

Mein erstes Praktikum machte ich damals ja nur in Berlin, bei Herlitz. Aber als ich von einigen, die in New York gewesen waren, hörte, wie sehr sie sich im Praktikum gelangweilt haben und daß sie nichts davon hatten außer der Stadt, da hab' ich die Zeit bei Herlitz wieder geschätzt. Ich habe die vier Monate dort gut genutzt, und es hat außerdem Spaß gemacht. Nach dem Praktikum waren auch alle beim Studium lockerer, haben sich gefreut, daß sie sich wiedersahen.

Mit den vergangen Jahren bin ich richtig zufrieden. Für mich lief es bestens, ich habe wirklich Schwein gehabt. Andere, die nach der 10. Klasse eine Ausbildung angefangen haben, hatten es da schon schwerer. Ich hatte durch dieses eine Jahr nach dem Abitur noch Zeit, mich an die neue Gesellschaft zu gewöhnen und abzuschätzen, zu gucken, zu überlegen, was interessiert mich und was nicht. Das wäre nach der 10. Klasse alles überstürzt gewesen. An Jura habe ich heute gar kein Interesse mehr, das wäre mir zu trocken. Mama hatte ja zwischendurch auch mal Tränenausbrüche, von wegen: Aus dir wird nichts. Als ich nicht nach Heidelberg wollte und dann auch von der BfA wegging. Kind, aus dir wird nichts. Dabei hätte es wirklich nicht besser laufen können, obwohl wir uns natürlich nach dem Abitur gefragt haben: Was jetzt? An der DDR hatte man immer kritisiert, daß man alles vorgesetzt bekam. Nun hatten wir die freie Marktwirtschaft. Ich habe mir alles selbst ausgesucht, und es ging doch irgendwie sehr glatt.

Inzwischen halte ich es sogar für möglich, daß es in fünf Jahren so sein wird, wie ich mir das schon in der 8. Klasse vorgestellt habe: In meinem Job arbeiten, vielleicht ein Kind und eine Familie. Außerdem kann es ja sein, daß wir dann wirklich Markert-Layout zu Markert/Tochter & Sohn umfunktioniert haben. Das wäre auch die Weiterführung von dem, was Mama aufgebaut hat. Es ist aber nicht so, daß ich darauf hinarbeite. Ich bin noch völlig offen.

# »Auf keinen Fall möchte ich beruflich von einer Partei abhängig sein«

Sebastian Gräfe aus Leipzig (Sachsen),
Student der Politikwissenschaften,
Ethnologie und Volkswirtschaftslehre

Politik hat in unserer Familie immer eine große Rolle gespielt, schon deshalb, weil die andere Hälfte der Verwandtschaft im Westen lebte. Mein Onkel ist in den fünfziger Jahren mit seiner Familie in den Westen gegangen. Wenn sie zu Besuch kamen, gab es immer Diskussionen. Sie fragten: Warum seid ihr hiergeblieben? Arrangiert ihr euch? Ich konnte damals nicht mitreden, dafür war ich noch zu klein, aber spannend fand ich das immer.

Meine Eltern waren 1987 das erste Mal zusammen im Westen, zu einem runden Geburtstag meines Onkels. Später stellte sich heraus, daß sie nur durch einen Verwaltungsfehler beide gleichzeitig hatten fahren können. Mein Vater sagte hinterher, er habe beim Abschied auf dem westdeutschen Bahnhof zwar wie ein Schloßhund geheult, aber hier könne er uns die Salami auf den Tisch stellen. Ob er das im Westen auch immer könnte, sei er nicht sicher.

Meine Mutter war vorher beruflich schon öfter im Westen gewesen. Sie ist Sängerin im Chor des Mitteldeutschen Rundfunks, der damals noch Rundfunkchor Leipzig hieß. Das Beste, das sie uns mitbringen konnte, waren die Super-8-Filme, die sie im Westen gedreht hatte. Klar, wir haben uns auch über Orangen und Schokolade gefreut, aber die Filme waren am besten. Bei mir wuchs damals der Wunsch, später auch einen Beruf zu haben, der mit Reisen verbunden war. Ich wollte die Welt sehen. Und so lautete mein Berufswunsch ab der 5. Klasse eben: Sänger. Während dieser Zeit spielte ich auch noch Geige.

Als ich aber merkte, daß ich wohl doch nicht so musikalisch war, wollte ich Diplomat werden. Das stand eine gewisse Zeit sogar im Klassenbuch. Irgendwann hat der Direktor das wohl gesehen und meine Eltern, die beide nicht in der Partei waren, in die Schule eingeladen und ihnen gesagt, daß dieser Berufswunsch wohl aussichtslos sei. Ich hätte wahrscheinlich keine Probleme gehabt, wegen dieses Wunsches sogar noch Ende der achtziger Jahre in die SED einzutreten. Aber meine Eltern hätten dazu vermutlich nein gesagt, vor allem, wenn Kontakte zur Staatssicherheit nötig gewesen wären.

Wenn ich mich an die DDR erinnere, dann habe ich das Gefühl von Scheuklappen, von einem weitgehend vorgeplanten Leben. Das Aufschreiben von Berufswünschen ab der 5. Klasse war dafür sehr typisch. Derart lebenswichtige Entscheidungen wurden auch von staatlichen Stellen mit getroffen, das wurde mir jedenfalls erzählt. Selbst habe ich diese Erfahrungen nicht mehr gemacht. Ich bedaure es ein wenig, daß ich vieles nur noch aus Büchern kenne. Aber an die Tristesse der Straßenzüge, die Eintönigkeit der Schaufenster erinnere ich mich noch, an das Gefühl, daß sich nicht viel ändern würde, daß es das, was man im Westfernsehen sah, bei uns frühestens in zehn oder zwanzig Jahren geben würde – oder nie.

Ich war FDJ-Sekretär meiner Klasse. Oft übernahm ich ein Amt oder einen Job, weil sich kein anderer bereit erklärt hatte. Das war typisch für mich. Ich war ein guter Schüler und habe jedes Jahr die Ministerratsurkunde bekommen. Die Wende hat mir dann allerdings das Zehner-Pack dieser Auszeichnung vermasselt.

Zu den Montagsdemos im Herbst 1989 bin ich nur per Zufall gekommen. Für interessierte Schüler gab es in der DDR an den Universitäten die sogenannten Schülerakademien. In Leipzig fand sie immer montags nachmittags statt und endete gegen 17.00 Uhr. Auf dem Nachhauseweg mußte ich am Nikolaikirchhof vorbei. Damals führte die Demonstration schon über den Ring. Ich sah die Lkws voller Armisten oder Volkspolizisten. Die Hosen und die langen schwarzen Stiefel erinnerten mich ungeheuer an

*Jugendweihe, 1989 (Sebastian Gräfe 3. v. l.)*

Naziuniformen. Es wurde in dieser Zeit auch darüber
geredet, daß die Krankenhäuser mehr Blutkonserven
lagerten und in den Kasernen scharfe Munition ausge-
teilt worden sei. Meine Eltern hatten mir natürlich ver-
boten, in die Innenstadt zu gehen. Mein Bruder aber
ließ sich nicht abhalten. Er ist drei Jahre älter als ich.
Später, als klar war, daß die Demonstrationen friedlich
blieben, hat unsere ganze Familie an den Montagsdemos
teilgenommen. Bis Oktober, November ging es um die
Forderungen nach freien Wahlen, Reisefreiheit und demo-
kratischen Reformen. Wann das umschlug in »Deutschland – einig Vaterland« und »Wir sind ein Volk!«, weiß
ich gar nicht mehr, das müßte ich nachlesen. Jedenfalls
war es so, daß wir plötzlich auf der anderen Seite standen, auf seiten derer, die eine souveräne DDR wollten.
Bei einer der vielen Demos hieß es dann, wer dieses
»Deutschland – einig Vaterland« nicht wolle, solle zum
Neuen Rathaus kommen. Wir trugen Plakate mit uns.
Da kam ein Ehepaar auf uns zu und sagte: Das ist doch

bestimmt alles von der Stasi organisiert oder von der Parteileitung. Meine Mutter fragten sie: Was kriegst du dafür?

Es gab ja viel Kritik an der SED, und zu Recht.

Vom Mauerfall haben wir, wie wohl die meisten, aus dem Fernsehen erfahren. Nach der Schabowski-Pressekonferenz hat mein Vater eine Flasche Sekt geöffnet. Für den ersten Westbesuch haben wir uns aber Zeit gelassen, sind erst zwischen Weihnachten und Silvester gefahren. Meine Eltern waren beide beruflich engagiert, und ich bin auch nicht der Typ, der sich in vollgestopfte Züge setzt.

In meiner Klasse wurde damals ständig über Politik diskutiert, besonders heftig dann vor den Volkskammerwahlen am 18. März. Und ausgerechnet diejenigen, die sich zu DDR-Zeiten nie geäußert hatten, unterstützten auf einmal die CDU und waren für die Wiedervereinigung. Ich dagegen war ganz begeistert von der SPD und wollte, daß sie die Wahlen gewinnen sollte, damit der Osten bei der Wiedervereinigung »links« gewesen wäre. Wenige Tage vor der Wahl war eine Kundgebung mit Kohl angesetzt, und zwar um 15.00 Uhr, zur normalen Arbeitszeit. Trotzdem kamen 300 000 Menschen! Da habe ich gemerkt, daß die Wahl wohl nicht so laufen würde, wie ich das gehofft hatte. Die Kundgebung hat mich auch deshalb schockiert, weil die Leute Kohl so zubrüllten. Ein Gebrüll wie auf den Montagsdemos zwischen Dezember und Februar. Da marschierten viele mit, die hätten besser in ein Fußballstadion gepaßt. Am Wahlabend habe ich vor dem Fernseher geweint. Wir waren zwar für eine Wiedervereinigung, aber erst irgendwann, und wir hatten darauf gehofft, daß die DDR zuerst einen eigenständigen Versuch machte.

In der 10. Klasse begann ich als Schülersprecher zu arbeiten. Ich hatte zufällig ein Flugblatt der Landesschülervertretung Hessen in die Hände bekommen und dorthin geschrieben. Ende September 1991 luden sie mich zu einem Seminar nach Marburg ein. Dort wurde mir klar: Die Schule ist der Ort, an dem ich mich politisch engagieren will und kann. In Marburg bildete sich eine »Initiativgruppe zur Gründung einer Landesschülervertretung«. Die Hessen stellten uns vor, wie Schüler versuchten, die Schule mitzugestalten, und bei den Ostschülern sprang der Funke über: Das müssen wir auch machen. In den anschließenden Wochen fand ich Kontakt zu bereits in dieser Richtung aktiven Initiativen in Sachsen, und kurz darauf gründeten wir den Landesschülerrat Sachsen. Dort war ich bis zum Ende meiner Schulzeit aktiv. Das hat mich nicht nur politisch geprägt, sondern auch meine ganze Freizeit ausgefüllt. Diskotheken habe ich erst in der 12. Klasse kennengelernt. Aber dafür hatte ich Freunde in Dresden, Meißen, Marburg, Frankfurt am Main. Wir sahen uns alle paar Wochen auf Kongressen.

Schon damals habe ich mir die Frage gestellt, inwieweit wir vielleicht nicht doch nur benutzt wurden. Zum Beispiel, als wir, die Schülersprecher, in nur zwei Wochen über die Besetzung von 100 Direktorenstellen mitentscheiden sollten. Als Stadtschülerrat von Leipzig bekam ich einen Karton mit Beurteilungen. Wir hatten aber nur diese zwei Wochen Zeit und fürchteten zudem, daß unser Votum letztlich kein Gewicht haben würde. Wir wußten ja, daß die damalige Kultusministerin sich in keiner Weise für den Landesbildungsrat interessierte, in dem nicht nur wir Schülervertreter saßen, sondern auch Eltern und Kirchenvertreter. Da haben wir es seinlassen, als Alibi zu fungieren.

An der POS habe ich meine Klassenleiterin immer als wirkliche Autorität empfunden. Sie hat ihre Meinung vertreten und auch zu DDR-Zeiten andere Meinungen zugelassen. Auch bei Themen, wie sie zum Beispiel im *Sputnik* nach dessen Verbot standen. Da brauchte niemand zu fürchten, daß etwas weitererzählt würde. Bei ihr habe ich auch nach der Wende keine Veränderung festgestellt, sie ist sich treu geblieben. Mein einstiger Staatsbürgerkundelehrer allerdings war eines Tages plötzlich nicht mehr an der Schule. Der hatte am 1. Mai immer auf der Tribüne gestanden und über das Mikrophon »die Brigade vom VEB soundso« begrüßt. Er war wohl nicht nur Lehrer, sondern im politischen Apparat auch anderweitig engagiert gewesen. Aber eigentlich habe ich bei den Diskussionen zu DDR-Zeiten mehr Lehrer kennengelernt, denen ich politisch vertraut habe. Mit den anderen gab es keine Debatten, da konnte ich also auch keine Veränderungen feststellen. Mein Zeichenlehrer hat uns während des Herbstes '89 immer Aufgaben gegeben, sah ab und zu nach uns und saß ansonsten in seinem Zimmer und malte Plakate für die Montagsdemos.

Auf der EOS bekam ich durch die Bundesschüler-vetretung auch viele Kontakte zu Jusos und erlebte unter ihnen Klüngelkreise wie aus dem Bilderbuch. Diese Art der Politik, wie zum Beispiel Wahlen abgesprochen wurden, hat mich abgeschreckt. Da wurde ziemlich unsachlich, auf einer sehr persönlichen Ebene mit politisch An dersdenkenden umgegangen. Trotz dieser Erfahrung empfinde ich heute strategische Foren aber als durchaus sinnvoll.

Damals lernte ich auch Mitglieder aus der Landtagsfraktion von Bündnis 90/Die Grünen kennen, die in ihrer ersten Legislaturperiode waren. Antje Rush, jetzt heißt sie wieder Hermenau, damals bildungspolitische Sprecherin der bündnisgrünen Fraktion, fragte mich, was ich von einer bündnisgrünen Jugendbewegung hielte. Nach einiger Vorbereitungszeit initiierte ich dann zusammen mit anderen Jugendlichen 1992 die Gründung des Grünen Jugendbündnisses Sachsen. Ein Hauptthema war der Jugendsender *DT 64*. Irgendwie drohte zum Jahresende immer dessen Abschaltung durch den Landessender Brandenburg. Wir versuchten aus Protest, die brandenburgische Staatskanzlei zu besetzen, kamen zwar nicht hinein, aber die Straße davor haben wir blokkiert. Das war damals für viele Jugendliche ein sehr wichtiger Kampf. Ob *DT 64* früher tatsächlich so toll gewesen war, weiß ich nicht. Während der Wendezeit hat der Sender jedenfalls sehr gute Features gemacht, zum Beispiel über Schalck-Golodkowski. Die habe ich mitgeschnitten und aufgehoben.

Ich gehe nicht davon aus, daß die Grünen wieder in den sächsischen Landtag kommen. Ich fürchte, sie kommen in gar kein ostdeutsches Parlament. Das ist ziemlich frustrierend. In einer anderen Partei sehe ich für meine politischen Interessen zur Zeit auch keine Alternative. Man überlegt sich dann eher, politisch auszusteigen, jedenfalls für eine gewisse Zeit. Daß wir im Osten nicht in die Parlamente kommen, liegt sicher weniger am Kosovo-Krieg als an der elenden Fünf-Mark-fürs-Benzin-Debatte. Da haben wir uns dem Wähler nicht verständlich gemacht. Hinzu kommen die ständigen Burgfrieden zwischen Fundis und Realos. Diese internen Kompromisse machen unser Profil für Unbeteiligte schwer erkennbar. Aber in Sachsen hat man es als Grüner sowieso schwer. Man kann zwar jede Menge Opposition machen, die Gesetzesvorlagen gehen trotzdem ohne Probleme durch die Gremien, weil die CDU auf Landesebene eine satte Mehrheit hat. Ein ziemlich ohnmächtiges Gefühl.

Ich wäre Zivi geworden, hätte ich zur Bundeswehr gemußt, ich wurde aber vorher ausgemustert. Also suchte ich 1994 nach dem Abitur eine Job-Möglichkeit und stieß auf Israel. Ausschlaggebend für die Wahl dieses Landes war meine Mutter. Honecker wollte offenbar noch in das Weiße Haus geladen werden und glaubte wohl, das am besten über die amerikanischen Juden zu erreichen. Deshalb gab es am Ende der DDR noch eine Annäherung an Israel. Zu den ersten Boten gehörte der Rundfunkchor Leipzig, und meine Mutter war 1989 mit dem Gewandhauskapellmeister Kurt Masur in Israel und hat dort Freunde gefunden. Die nahmen mich auf, und ich fand auch einen Job. Das war mein erster längerer Auslandsaufenthalt, und ich war beeindruckt von der Landschaft und der Geschichte, die sich mit jedem Stein verbindet, der dort auf der Erde liegt. Ich war noch nie in London oder Paris, inzwischen aber schon fünfmal über den Jugendaustausch in Israel. In der ersten Zeit hatte ich bestimmt ein sehr verklärtes Verhältnis zu Israel. Mir gefiel die Mischung aus Bewahrung von Werten und Traditionen und amerikanischer Lebensweise. Ich merkte damals noch nicht, wie gespalten auch diese Gesellschaft ist.

Aber das ist hier auch oft so. Obwohl – unter den Studenten, die ich kenne, auch mit meiner Mitbewohnerin Franziska aus Hamburg, sind die Ost-West-Streitereien eher im Scherz ein Thema. Manchmal habe ich aber schon das Gefühl, daß ich Franziska damit nerve. Die Ostdeutschen unterscheiden sich doch in einigem von den Westdeutschen. Den Äußerungen von Joachim Gauck und Jutta Limbach, daß im Osten vielen die Gleichheit mehr gilt als die Freiheit des einzelnen, kann ich nur zustimmen. Diese Anfälligkeit jedoch, immer gleich das Herz ausschütten zu wollen, finde ich manchmal selber anstrengend. Oft habe ich aber auch in Diskussionen erlebt, daß Westdeutsche davon überzeugt schienen, durch die allwöchentliche Lektüre des *SPIEGEL* über alle sozialen Ungerechtigkeiten in der Welt ausreichend informiert zu sein. Wenn man sie dann jedoch mit ostdeutschen Realitäten konfrontierte, konnten sie es nicht fassen, daß dazu ihre soziale Marktwirtschaft fähig war.

Im September 1994 habe ich mich an der Universität eingeschrieben. Die Studienwahl war auch durch den Israelaufenthalt geprägt: Politikwissenschaften und im Nebenfach Ethnologie, um mein Interesse für den Nahen Osten zu vertiefen, außerdem noch Volkswirtschaftslehre. Die ersten zwei Jahre bin ich allerdings kaum an der Uni gewesen. Ich war Teamer bei der Friedrich-Ebert-Stiftung. Die Tagungen dort fand ich damals viel interessanter als den Hörsaal. Ich war zu der Zeit auch Geschäftsführer der bündnisgrünen Jugendbewegung in Sachsen. Das war wohl alles ein bißchen viel. Ich hatte aber damals auch Lust darauf. Aufgrund eines gescheiterten Praktikums habe ich dann gemerkt, daß ich nicht so weitermachen konnte. Ich hatte noch ein Jahr Zeit bis zur Zwischenprüfung.

Im Wintersemester 1996/97 habe ich mich dann entschieden, endlich richtig zu studieren. Es machte mir wieder Spaß, mich in die Bücher zu vertiefen. Allerdings haben mir die zwei versäumten Jahre das Studium sehr erschwert. Meine Eltern können mich wegen des Kredites für den Hausumbau nicht so unterstützen, wie sie das gern möchten, also muß ich nebenbei immer jobben. Ich hatte mich zwar um Stipendien bei der Ebert- und auch bei der Böll-Stiftung beworben. Aber die Richtlinien sprachen gegen mich. Ich hatte ja noch gar nicht richtig studiert. Obwohl ich selbst für ein Stipendien abgelehnt worden war, habe ich bei der Ebert-Stiftung Seminare für Stipendiaten gemacht.

Im nachhinein gesehen war es falsch, mich schon 1994 zu immatrikulieren. Ich hätte damit warten sollen. Dann hätte ich konsequenter studiert und besser gewußt, was ich eigentlich wollte.

Beruflich würde ich gern in einer Institution arbeiten, in der man sich mit Politik und Wirtschaft beschäftigt. EU und OSZE interessieren mich sehr. Ich würde auch gern am Europa-Kolleg in Brüssel studieren. Aber diese zehn Monate sind richtig teuer.

Auf keinen Fall möchte ich beruflich von einer Partei abhängig sein. Ich will ein halbes Jahr lang ein Praktikum in den USA machen, am liebsten bei der Weltbank in Washington, gern auch bei Firmen aus dem Bereich der Informationstechnologie, am besten dort, wo es um eine Mischung aus Politik und Wirtschaft geht. Das Stipendium dafür habe ich bereits von der Wirtschaftsförderung Leipzig-Halle bewilligt bekommen. Daß ich dazu gekommen bin, war ein großer Zufall. Ich hatte zwar die Anzeige in der Lokalzeitung gelesen, dachte aber, meine betriebswirtschaftlichen Kenntnisse genügten dafür nicht. Kurz vor Bewerbungsschluß überredete mich jemand, mich trotzdem zu bewerben. Es hat geklappt.

Wenn alles gutgeht, werde ich mir also von draußen ansehen, wie sie sich hier bei den Landtagswahlen die Köpfe einschlagen. Es ist ja das erklärte Ziel, die absolute Mehrheit der CDU zu brechen. Ob das gelingt? Die Sachsen haben ein leicht absolutistisches Verhältnis zu ihren Oberen. Sie denken, Kurt und Ingrid Biedenkopf können ja nichts dafür, wenn bestimmte Entscheidungen falsch waren. In Sachsen schreibt man keine Eingaben mehr wie zu DDR-Zeiten, sondern Bittbriefe an Ingrid Biedenkopf. Die Königin konnte schließlich schon immer etwas tun. Solches Denken hat hier Tradition.

# Abkürzungsverzeichnis

| | |
|---|---|
| ABM | Arbeitsbeschaffungsmaßnahme |
| ABV | Abschnittsbevollmächtigter der Deutschen Volkspolizei |
| AWO | Arbeiterwohlfahrt |
| BfA | hier: Bundesversicherungsanstalt für Angestellte |
| BRD | Bundesrepublik Deutschland |
| BWL | Betriebswirtschaftslehre |
| CAT | Club für Artistik und Technik |
| CDU | Christlich-Demokratische Union |
| DDR | Deutsche Demokratische Republik |
| DeTeCSM | Computer-Service-Tochter der Deutschen Telekom |
| DT 64 | Rundfunksender, gegründet zum 3. »Deutschlandtreffen der Jugend 1964« |
| DVU | Deutsche Volksunion |
| EOS | Erweiterte Oberschule (Abschluß mit dem Abitur) |
| EU | Europäische Union |
| F1-Granaten | In der NVA gebräuchliche Handgranate |
| FDJ | Freie Deutsche Jugend |
| FHTW | Fachhochschule für Technik und Wirtschaft |
| GOL | Grundorganisationsleitung der FDJ |
| KJS | Kinder- und Jugendsportschule |
| LPG | Landwirtschaftliche Produktionsgenossenschaft |
| MSV | Magdeburger Sportverein |
| NATO | North Atlantic Treaty Organisation (Nordatlantikpakt) |

| | |
|---|---|
| ND | *Neues Deutschland* (SED-Zentralorgan) |
| NPD | Nationaldemokratische Partei Deutschlands |
| NVA | Nationale Volksarmee |
| OSZE | Organisation für Sicherheit und Zusammenarbeit in Europa |
| PDS | Partei des Demokratischen Sozialismus |
| POS | Polytechnische Oberschule (Abschluß mit der 10. Klasse) |
| PR | Public Relation (Öffentlichkeitsarbeit) |
| Reha-Klinik | Rehabilitationsklinik |
| SED | Sozialistische Einheitspartei Deutschlands |
| SPD | Sozialdemokratische Partei Deutschlands |
| Stasi | Ministerium für Staatssicherheit |
| Trabi | Pkw »Trabant« |
| UTP | Unterrichtstag in der Produktion |

# Danksagung

Die Autorin dankt allen Gesprächspartnern; ihren Müttern und Vätern; Thomas Sandberg; Jim Rakete; Ralf Fücks, Heinrich-Böll-Stiftung Berlin; Rechtsanwalt Dr. Christian Schertz, Berlin; Karl-Georg Oette, Magdeburg; Jens Hommel, Dresden; Christiane Baumann und Eltern, Berlin und Tribsees; der GEW Mecklenburg-Vorpommern, Schwerin; dem Deutschen Beamtenbund Brandenburg, Potsdam; Beatrix Zeiske, Teltow; Angelika Reichardt, Frankfurt (Oder); Herrn Dormeier, Pressesprecher des 4. Korps der Bundeswehr, Teltow; Madeleine Girke, Hamburg; Frau Romanus, Handwerkskammer Erfurt; Siegfried Fischer, Heilsarmee, Berlin; Gerd Wermerskirch; Pfarrer Christian Weber, Greifenhain; Gerd Engelsmann, *Berliner Zeitung;* Frau Gruschinske, DAK Berlin.

# Fotonachweis

Sämtliche Portraitfotos in diesem Buch stammen von Thomas Sandberg, ausgenommen das Foto von Jim Rakete auf Seite 48.
Die Jugendweihefotos wurden von den Gesprächspartnern privat zur Verfügung gestellt.

Lothar Probst,
Heinrich-Böll-Stiftung (Hg.)

# Differenz in der Einheit

Über die kulturellen Unterschiede
der Deutschen in Ost und West

216 Seiten, Klappenbroschur
24,80 DM/sFr.; 181 öS
ISBN 3-86153-196-8

Zehn Jahre nach der staatlichen Einheit treten die
Unterschiede der beiden Teilkulturen Ost- und West-
deutschlands immer deutlicher zutage. Überall zeigt
sich, daß das menschliche Zusammenwachsen wesentlich länger braucht als die Vereinigung der Institutio-
nen. Woran liegt das? Sind es unabänderliche kulturelle
Eigenarten oder handelt es sich um unterschiedliche
Orientierungen, politische Einstellungen und mentale
Prägungen?
Die Heinrich-Böll-Stiftung hat sich mit diesen Proble-
men auf mehreren Tagungen auseinandergesetzt, um
Wege des Verstehens und der Verständigung aufzuzei-
gen. Darüber hinaus hat sie zahlreiche Autoren ange-
regt, sich auf originelle und neue Art mit dem Thema zu
beschäftigen, wodurch ein vielschichtiger und lebendi-
ger Band entstanden ist, der Aufsätze, Gespräche, Re-
den und Interviews enthält.
Mit Beiträgen von Marianne Birthler, Diedrich Diede-
richsen, Christine Eifler, Lothar Fritze, Ralf Fücks,
Albrecht Göschel, Dietrich Mühlberg, Michael Rutschky,
Richard Schröder und vielen anderen.

**Ch. Links Verlag, Zehdenicker Str. 1, 10119 Berlin,
Tel. (030) 44 02 32 – 0, www.linksverlag.de**